Anne Ameling

Warum-Geschichten zum Vorlesen

Warum Popcorn poppt, Hunde Meisterschnüffler sind und was du sonst noch wissen musst

Illustriert von Simone Leiss-Bohn

Loewe

ISBN 978-3-7432-1320-3
1. Auflage 2024

Text: Anne Ameling
Umschlag- und Innenillustrationen: Simone Leiss-Bohn
Umschlaggestaltung: Johanna Mühlbauer
Printed in the EU

www.loewe-verlag.de

Inhalt

Von Flugstunden und Zauberwelten

Sina war heute mit Onkel Peter und seinem Mann Andi im Zoo.
„Und? Welches Tier hat dir am besten gefallen?", fragt ihr großer Bruder Tom. Sina kann sich gar nicht entscheiden. Sie haben so viele Tiere gesehen! Die Elefanten, die Flamingos – oh, und die Affen waren toll! Nur die Geier fand Sina ein bisschen gruselig, weil sie so nackte Köpfe hatten. Aber jetzt ist sie viel zu müde, um noch zu reden.
„Alle", sagt sie nur und kuschelt sich unter ihre Bettdecke. Mama kommt noch einmal, um Gute Nacht zu sagen, aber da ist Sina schon fast eingeschlafen.
Und dann ist Sina plötzlich wieder im Zoo.
Aber die Tiere sind gar nicht mehr eingesperrt.
Sie sind frei und spazieren überall herum.
Die Affen verkaufen Eis, der Bär sitzt im Bollerwagen und wird vom Elefanten gezogen,

die Flamingos tanzen vor der Pommesbude. Ein Pelikan landet neben Sina und bietet ihr einen Fisch an.

„Danke, ich mag keinen Fisch“, sagt Sina.

„Fliegst du mit nach Afrika?“, fragt der Pelikan.

„Ich kann gar nicht fliegen“, antwortet Sina.

„Das kann jeder“, ruft der Pelikan.

Und schon erheben sich alle Tiere in die Lüfte, selbst der schwere Elefant. Jetzt fliegt auch Sina. Das fühlt sich erst seltsam an, aber dann jauchzt sie fröhlich. Ist das wunderbar! Aber sie will nicht nach Afrika, sie will viel lieber ihr Haus von oben sehen. Doch als sie dorthin fliegen will, ist plötzlich ein Geier neben ihr. Sie erschrickt fürchterlich. Und dann fällt sie nach unten und fällt und fällt …

… und landet direkt in ihrem Bett.

„Mama!“, ruft sie laut.
Mama kommt sofort, um nach ihr zu sehen. Sie ist ganz verschlafen.
„Sina-Schatz, es ist mitten in der Nacht, was ist denn los?“, grummelt sie.
„Ich bin mit den Tieren aus dem Zoo herumgeflogen und dann hat der Geier mich erschreckt und ich bin in mein Bett gefallen“, schluchzt Sina.
Mama macht das kleine Licht neben Sinas Bett an. „Du hast geträumt, Sina! Du warst die ganze Zeit hier! Nur dein Kopf ist auf Reisen gegangen.“ Lächelnd nimmt sie Sina in den Arm.
„Es hat sich aber angefühlt, als wäre ich wieder im Zoo“, murmelt Sina.
„Wenn du schläfst, ruht dein Körper sich aus“, erklärt Mama.

„Dein Gehirn sortiert all die Bilder, Gedanken und Erlebnisse des Tages. Und manchmal vermischt es sie sogar mit neuen Gedanken und erfindet etwas anderes daraus."

Sina wundert sich. „Warum macht mein Gehirn das?", fragt sie.

„Na ja, schau mal, was du heute alles erlebt hast! Das muss dein Kopf irgendwie verarbeiten, sonst ist darin irgendwann ein großes Durcheinander. Das macht er im Schlaf fast die ganze Zeit. Alle Menschen träumen jede Nacht, wir erinnern uns nur nicht an jeden Traum", sagt Mama. „Weißt du, wie man sieht, dass jemand träumt? Seine Augen bewegen sich ganz schnell hinter den Augenlidern."

„Das Fliegen hat solchen Spaß gemacht, Mama!", sagt Sina. „Und die Tiere waren so nett. Doch dann kam der doofe Geier ..."

„Vor dem hattest du Angst?", vermutet Mama.

„Die Geier sehen gruselig aus", gibt Sina zu. „Im Traum war der Geier böse ..."

„Siehst du, dein Gehirn hat sich gemerkt, dass du dich vor den Geiern gefürchtet hast. So kam dieses Gefühl in deinen Traum", sagt Mama. „In Wirklichkeit ist der Geier nicht böse, auch wenn du nicht magst, wie er aussieht."

„Mama, meinst du, wenn ich weiterträume, kann ich noch mal mit den Tieren über die Stadt fliegen?“, fragt Sina. „Ohne den Geier?“
Mama lacht. „Wer weiß, was für Zauberwelten dein Kopf sich heute Nacht noch ausdenkt“, sagt sie. „Besser, du schläfst jetzt einfach weiter und findest es heraus!“
Sina zieht ihre Bettdecke bis an ihr Kinn hoch und denkt ganz fest an die Zootiere und ans Fliegen …
Als sie am nächsten Morgen wach wird, versucht sie sich zu erinnern, ob sie weitergeträumt hat. Leider hat sie alle Träume vergessen. Egal!
Sie schnappt sich ihre Kuscheltiere und stellt sie in einer Reihe auf.
„Fanti, Giraffi, Teddy, Affi! Wir machen jetzt eine Flugstunde!“
Und dann spielt sie, dass sie mit ihnen über die Stadt fliegt und die Zootiere besucht. Zusammen mit ihren Kuscheltieren traut sie sich sogar zu den Geiern. Damit die sie im nächsten Traum nicht mehr erschrecken können!

Der kleine Wanja

Es war einmal in einem fernen Land eine Königin, die hatte drei Söhne. Wie fast alle Brüder stritten sie sich viel und gerne. Nie konnten sie sich auf etwas einigen und jeder Frieden währte nur für kurze Zeit.

Eines Tages wollte die Königin auf eine Reise gehen. Weil sie aber das Gezänk ihrer Söhne leid war, beschloss sie, nur einen von ihnen mitzunehmen.

„Wer von euch mir das mit dem meisten Gewicht bringt, der darf mich begleiten“, verkündete sie.

Während seine Brüder siegessicher hinauszogen, um etwas Schweres zu finden, stolperte der jüngste Bruder, Wanja, verzweifelt durch die Hintertür in den Schlosswald. Traurig schaute er im Waldtümpel auf sein Spiegelbild: Schmale Schultern, dünne Arme – er war alles andere als stark. Selbst wenn er etwas mit viel Gewicht fände, wie sollte er es tragen?

„Wonach suchst du?“, fragte da eine sanfte Stimme hinter ihm.

Sie gehörte einer Waldfee, die er schon oft hier gesehen hatte.

„Ich brauche etwas so richtig Superschweres. Das muss ich ins Schloss zu meiner Mutter bringen“, antwortete Wanja.

„Nichts einfacher als das!“, rief die Fee, nahm Wanja an der Hand und rannte mit ihm auf eine Lichtung. Sie zeigte in den Himmel, wo eine einzelne wattebauschige, flauschige Wolke im Blau trieb.

„Diese Wolke wiegt so viel wie 200 Elefanten!“, behauptete die Fee.

Wanja glaubte ihr nicht. „Woher willst du das wissen? Sie sieht federleicht aus! Und man kann sie schließlich nicht auf die Waage legen.“

Die Fee lachte hell auf. „Man kann das ausrechnen! Ich schaue mir an, wie groß sie ist, und rechne aus, wie viel Wasser darin sein muss.

Diese Wolke ist einen Kilometer breit, hoch und tief. Bei einer Wolke dieser Art heißt das, es sind etwa eine Milliarde Kubikmeter Wassertropfen darin. Und die wiegen mehrere Tausend Tonnen", sagte sie.

Als Wanja nicht antwortete, schlug sie vor: „Wenn dir das zu leicht ist, zaubere ich eine Gewitterwolke herbei. In ihr sind noch viel mehr Wassertröpfchen, da kommen wir locker auf ein paar Millionen Tonnen …"

„N-nein!", stotterte Wanja staunend. „Die hier reicht. Aber wie kriege ich sie ins Schloss?"

„Ich bin doch eine Fee, nicht wahr?", sagte die Fee.

Sie pfiff dreimal und die Wolke setzte sich über ihnen in Bewegung.

Wie sich Wanja auf die Gesichter seiner Brüder freute!

Die warteten schon mit der Königin im Schlosshof. Sein ältester Bruder hatte einen Elefanten dabei. Der wog sechs Tonnen! Sein zweitältester Bruder hatte einen Sattelzug gefunden, der war so schwer wie sechs Elefanten zusammen.

Wie viel wiegt eine Wolke?

Als sie Wanja sahen, riefen sie beide spöttisch: „Unser Kleiner hat gar nichts mitgebracht, na, so was!"

Wanja zeigte lächelnd in den Himmel. „O doch! Diese Wolke wiegt etwa so viel wie 200 Elefanten oder 33 Sattelzüge!", verkündete er.

„Und wieso fällt sie dann nicht runter, wenn sie doch angeblich so schwer ist?", spotteten die Brüder.

Das hatte die Fee Wanja unterwegs erklärt. „Die winzigen Wassertröpfchen darin sind jedes für sich federleicht. Sie werden durch die warme, aufsteigende Luft in der Höhe gehalten."

„So ein Mumpitz! Jeder weiß, dass Wolken nichts wiegen", sagte der eine Bruder.

„Und aus Zuckerwatte sind!", rief der andere.

Die Fee hörte sich das Ganze von der Schlossmauer aus an. Als sie die Brüder so reden hörte, hob sie die Hand und murmelte einen Feenzauber. Die Wolke wurde größer und dunkler, immer mehr Wassertröpfchen versammelten sich in ihr – und bald war sie so schwer, dass sie zu Boden fiel: als Platzregen! Im Nu stand der ganze Hof unter Wasser und Brüder und Königin wurden pudelstrudelnass. Nur der Elefant freute sich, er mochte Wasser.

„So viel Wasser wiegt wahrlich eine Menge!", sagte die Königin. „Wanja, du darfst mit mir auf die Reise gehen."

Wanjas Brüder machten lange Gesichter. Doch Wanja hatte sich mit der netten Fee angefreundet und wollte viel lieber weiter mit ihr durch den Wald stromern.
„Nimm meine Brüder mit, Mutter!“, sagte er. „Sie werden sich auch nicht streiten!“
Die Brüder riefen im Chor: „Ganz bestimmt nicht!“
Da konnte die Königin nicht Nein sagen und nahm sie alle beide mit. Wanja aber ging zurück zu seiner Waldfee und war sehr glücklich.

Goldhamster und Erdwerfer

„Hallo, ist da wer?"
Bo, der Goldhamster, schaut auf den seltsamen Erdhügel neben sich, der immer größer wird. Haben nicht seine Menschen erst gestern noch über genau so einen Hügel furchtbar geschimpft?
Eine rosa Nase erscheint in der Mitte des Hügels, die zu einem schwarzpelzigen Tier mit großen Schaufelhänden gehört. Kurzsichtig blinzelt es um sich.

„Wer schreit denn da? Das tut mir in den Ohren weh!", knurrt es. „Und was für eine Frage! Wo ein Hügel ist, da ist ein Maulwurf, das weiß doch jeder."
„Ich war's", flüstert Bo. „Bo. Ich suche ein Versteck. Ich bin nämlich aus meinem Käfig entwischt."
Bo spricht vor Schreck so leise, dass er sich selbst kaum versteht. Der Maulwurf aber hört ihn ganz ausgezeichnet.
„Versteck? Gibt's hier nicht", sagt er und verschwindet wieder in seinem Hügel.
Bo überlegt, ob es darunter wohl einen Tunnel gibt und ob er sich dort verstecken könnte. Dort würde ihn bestimmt niemand suchen. Todesmutig flitzt er auf den Hügel und wühlt sich durch die lockere Erde. Und tatsächlich: Da ist ein langer Gang! Er ist gerettet! Bestimmt merkt der Maulwurf gar nicht, dass er ihm gefolgt ist.
„Da bist du ja schon wieder!", knurrt es da vor ihm. Der Maulwurf! Wo ist der denn so schnell hergekommen?
„Ich bin zwar fast blind, aber ich höre jeden Mucks und spüre jede Vibration mit meinen Nackentasthaaren! Hier schleicht sich keiner einfach ein!", schimpft er.
Bo stammelt ängstlich: „Tut mir so leid ..."
„Pst!", macht da der Maulwurf. „Mir nach!"
Bo folgt ihm verwirrt durch verzweigte Gänge. Der Maulwurf ist blitzschnell. Aber dann bleibt er so plötzlich stehen, dass Bo in ihn hineinrennt. Ein Schmatzen ertönt.

„Willst du auch ein Stück Käferlarve?", fragt der Maulwurf kauend. „Echt lecker."

Aber Bo ist schwindelig. Die Luft ist ganz schön dünn hier unten. Und es mieft! Er fällt einfach um.

„Oje!", hört er den Maulwurf noch sagen. „Ich sorg mal für Belüftung."

Es scharrt und schnauft im Gang, Erde rieselt, die Luft wird wieder besser und Bo öffnet seine Augen.

„Tschuldigung", murmelt der Maulwurf. „Ich atme viel. Da geht die Luft schnell alle. Dann grab ich einen Tunnel nach oben und werfe einen Hügel auf. Durch den kommt frische Luft rein." Er hält Bo verlegen die Schaufelhand hin. „Erdwerfer mein Name."

Bo atmet tief ein. „Die Menschen mögen solche Hügel gar nicht, Herr Erdwerfer."

„Ohne sie ersticke ich aber hier unten", sagt der Maulwurf.

„Jetzt fällt mir ein, was sie noch über dich gesagt haben: Sie wollen dich vertreiben“, flüstert Bo. „Mit Krach.“

„Ist das so?“ Herr Erdwerfer wird stinkwütend. „Menschen! Dich sperren sie ein und mich wollen sie nicht! Dabei fresse ich ihre Schädlinge und mache ihren Boden locker. Die können mich mal!“

Er schnaubt entschlossen. „Ich helfe dir! Wir ziehen um. Zusammen. Wenn ich nur wüsste, wohin …“

Bo stellt sich vor, wie schön es wäre, eine eigene Höhle zu haben. Aber woher bekäme er dann Futter?

Da fällt ihm die große Wiese ein. Die hat er vom Balkon aus gesehen, dort stand sein Käfig manchmal. Am Wiesenrand gibt es eine wunderbare Hecke mit Beeren, Wildblumen und Insekten. Da würde er bestimmt zu fressen finden. Und Herr Erdwerfer könnte ungestört überall Lüftungshügel bauen. Aber wie kämen sie dorthin?

Herr Erdwerfer beantwortet diese Frage sogleich:

„Na, wie ich fast überall hinkomme! Mir nach!“

Schon gräbt er einen neuen Tunnel mit seinen Schaufelhänden.

Warum macht der Maulwurf Hügel?

Die lockere Erde schiebt er mit dem Kopf und der Schnauze vor sich her. Bo ist beeindruckt davon, wie schnell das geht, mal abgesehen von den vielen Fresspausen. Zum Glück macht der Maulwurf ein paar Lüftungshügel mehr als sonst. Damit Bo nicht wieder umfällt.
Als sie angekommen sind, streckt Bo sofort sein Näschen nach draußen.
Es duftet herrlich!
„Jetzt bau ich meine eigene Hamsterhöhle!“, jubelt er.
Herr Erdwerfer ist darüber froh, wo er doch so gerne alleine ist.
Da prickeln seine Nackentasthaare.
„Regenwurm!“, murmelt er.
Blitzschnell ist er unter der Erde verschwunden.
„Danke, Herr Erdwerfer“, sagt Bo ganz leise. Doch er ist sich sicher, dass der Maulwurf ihn dennoch hört.

Das große Lichtwunder

Mia liebt den Advent! Und bald ist auch schon Weihnachten. Sie kann es gar nicht mehr erwarten. Ihr Bauch kribbelt vor Aufregung, wenn sie nur daran denkt. Aber heute besucht sie erst mal ihren Freund David.
Doch was ist das? Im Wohnzimmerfenster von Davids Haus steht ein Kerzenständer mit neun Kerzen. Nicht vier wie am Adventskranz bei Mia zu Hause. Wollen die Rosenbaums etwa besonders lange auf den Heiligabend warten?
Mia klingelt. Von drinnen strömt ein leckerer Duft heraus, als David die Tür öffnet.
„Hallo, Mia!“, ruft er aufgeregt. „Meine Mutter backt gerade Berliner für heute Abend! Ich freu mich schon so!“
„Was ist denn heute Abend?“, fragt Mia erstaunt.
„Heute beginnt doch das jüdische Fest Chanukka!“, ruft David.
Da fällt es Mia wieder ein: David geht nicht wie sie in die Kirche, sondern in die Synagoge, weil er Jude ist. Wenn er dorthin geht, trägt er eine Kippa. Aber sie wusste nicht, dass er auch andere Feste feiert als sie. Und dann erschrickt sie.
„Habt ihr etwa keinen Adventskranz? Keinen Weihnachtsbaum?“, fragt sie.

„Nein, wir haben die Chanukkia!“, erklärt David. Er zeigt Mia stolz den Leuchter im Wohnzimmer. „Heute Abend zünden wir die erste Kerze an. Wegen dem Lichtwunder.“

Das klingt geheimnisvoll! Mia will alles über das Lichtwunder wissen. David erzählt es ihr: „Vor mehr als 2.000 Jahren besetzten die Griechen das Land, in dem die Juden lebten. Sie bestimmten einfach, dass die Juden nur noch an die griechischen Götter glauben durften.“
„Wie gemein!“, ruft Mia.
„Aber jüdische Kämpfer besiegten die griechischen Herrscher und eroberten den Tempel zurück. Danach mussten sie ihn neu weihen. Dafür brauchten sie den siebenarmigen Leuchter, das große Heiligtum im Tempel. Es gab aber nur noch einen Krug Öl zum Anzünden. Das reichte gerade mal für einen Tag. Der Leuchter brannte aber trotzdem acht Tage lang. So lange, bis sie neues Öl gemacht hatten.“

Was feiert man an Chanukka?

Mia mag die Geschichte.
„Aber wieso hat euer Leuchter neun Kerzen?“, will sie wissen.
„Die in der Mitte ist der Diener“, erklärt David. „An ihm zünden wir die anderen an. Jeden Abend eine mehr. Chanukka dauert acht Tage.“
Das ist ein bisschen wie beim Adventskranz, findet Mia.
David fügt hinzu: „Nach jedem Anzünden singen wir, spielen und erzählen. Und essen Ölgebäck, Berliner oder Latkes.

Wegen dem Ölkrug in der Geschichte."
Mia fragt: „Was sind Latkes?"
„Reibekuchen!", sagt David und reibt sich den Bauch. „Lecker!"
Er holt einen Holzkreisel und eine Dose mit Gummibärchen aus dem Schrank. „Willst du ein Chanukka-Spiel lernen?"
Mia nickt.
„Das ist ein Dreidl", sagt David. „Er hat auf jeder Seite einen hebräischen Buchstaben, bei jedem gilt etwas anderes. Mal bekommst du etwas, mal musst du etwas abgeben", sagt David. „Je nachdem, welcher Buchstabe nach dem Drehen oben liegt. Wir spielen um Gummibärchen, okay?"
Mia liebt Gummibärchen! Aber was hat der Dreidl mit Chanukka zu tun?
„Papa sagt, die jüdischen Lehrer haben damals ihren Schülern heimlich alles über ihren Glauben beigebracht. Immer wenn die Griechen kamen, haben die Kinder den Dreidl rausgeholt und einfach so getan, als würden sie spielen", erzählt David.

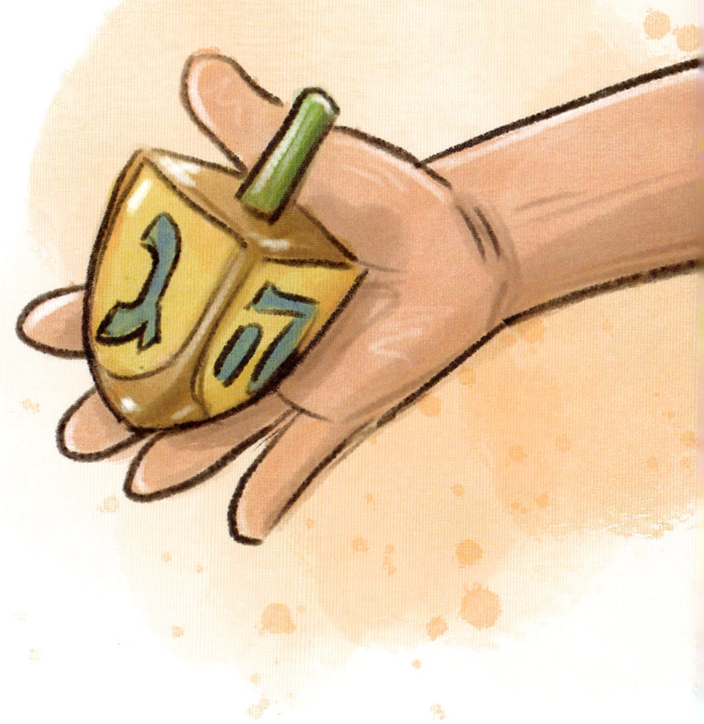

Das ist wirklich schlau! Mia und David spielen, bis Davids Papa von der Arbeit kommt.
„Willst du noch bleiben, bis wir die erste Kerze angezündet haben?“, fragt David.
Das will Mia unbedingt! Sie rufen schnell Mias Mutter an und dann setzen sich David und sein Papa die Kippa auf. Ganz feierlich ist es plötzlich. Davids Papa macht den Diener an, David darf daran die erste Kerze entzünden. Dabei singen die Rosenbaums auf Hebräisch. Mia summt einfach ein bisschen mit.
Als Davids Mama die duftenden Berliner auf den Tisch stellt, muss Mia David aber unbedingt noch etwas fragen: „Bekommen die Kinder an Chanukka auch Geschenke?“
Da lacht David und sagt: „O ja! Am achten Tag, wenn alle Kerzen leuchten, kriege ich Geschenke. Und wenn Besuch kommt. Manche Kinder bekommen an Chanukka sogar jeden Tag etwas geschenkt!“
Und dann schenkt David Mia seinen Dreidl.
„Chanukka sameach!“, sagt er.
„Chanukka sameach!“, rufen Davids Eltern.
Ein fröhliches Chanukka!

Der Farbenstreit

Morgen besucht Maurice mit seiner Kitagruppe die Feuerwehr. Deshalb soll jedes Kind heute ein Feuerwehrauto malen – die Bilder werden dann in der Feuerwache aufgehängt. Maurice gibt sich viel Mühe. Er malt die Drehleiter, das Blaulicht und noch einen Feuerwehrmann dazu.

„Guck mal!“, sagt er zu Jan. Er ist sehr stolz auf sein Bild. Aber Jan lacht.

„Das ist doch kein Feuerwehrauto! Feuerwehrautos sind rot, nicht grün! Weißt du das nicht?", ruft er.
Die anderen Kinder lachen auch. Auf ihren Bildern sind rote Feuerwehrautos zu sehen. Maurice schiebt trotzig die Lippe nach vorn.
„Es gibt auch grüne Feuerwehrautos", widerspricht er.
Doch die anderen glauben ihm nicht. Traurig schaut Maurice auf sein Bild. Ob die Feuerwehrleute es überhaupt in ihrer Wache aufhängen wollen? Vielleicht wollen sie wirklich nur rote Autos? Dabei weiß er ganz sicher, dass es grüne Feuerwehrautos gibt!
„Was ist los mit dir, Maurice?", fragt Tina, die Erzieherin.
„Maurice denkt, Feuerwehrautos sind grün!", ruft Hülya.
„Und ihr lacht darüber? Vielleicht hat Maurice ja recht", sagt Tina und zwinkert ihm zu. „Ich mag dein Bild. Wieso fragt ihr morgen nicht die Feuerwehrleute, wie das mit der Farbe ist?"
Damit sind alle einverstanden, auch wenn sich die anderen sehr sicher sind, welche Farbe ein Feuerwehrauto haben muss.
Am nächsten Tag ist Maurice furchtbar aufgeregt. Er war noch nie auf einer Feuerwache. Sie treffen die Feuerwehrleute in der

Wagenhalle. Alle Fahrzeuge, die hier stehen, sind rot. Womöglich haben die anderen Kinder also doch recht und es gibt keine grünen Feuerwehrautos?

Als sie ihre Bilder an einer Pinnwand aufhängen sollen, versteckt Maurice seines lieber ganz schnell hinter seinem Rücken.

„Hast du kein Bild?", fragt ihn ein Feuerwehrmann.

Maurice schüttelt den Kopf.

„Maurice hat ein grünes Feuerwehrauto gemalt!", platzt Jan heraus.

Wieder lachen die Kinder, aber eine Feuerwehrfrau klatscht in die Hände und sagt: „Maurice heißt du? Du bist bestimmt aus der Schweiz hierhergezogen! Da habe ich mal gewohnt. Dort sind manche Feuerwehrautos wirklich gelb oder lemongrün."

Maurice fällt ein Stein vom Herzen. „In Zürich sind alle Feuerwehrautos so", sagt er und zeigt ihr sein Bild.

Die anderen Kinder staunen.

„Aber wieso?", wundert sich Hülya. „Und wieso sind unsere Feuerwehrautos dann rot?"

Die Feuerwehrfrau lächelt. „Was meint ihr, was ist das Wichtigste bei einem Feuerwehrauto im Einsatz?"

Warum ist das Feuerwehrauto rot?

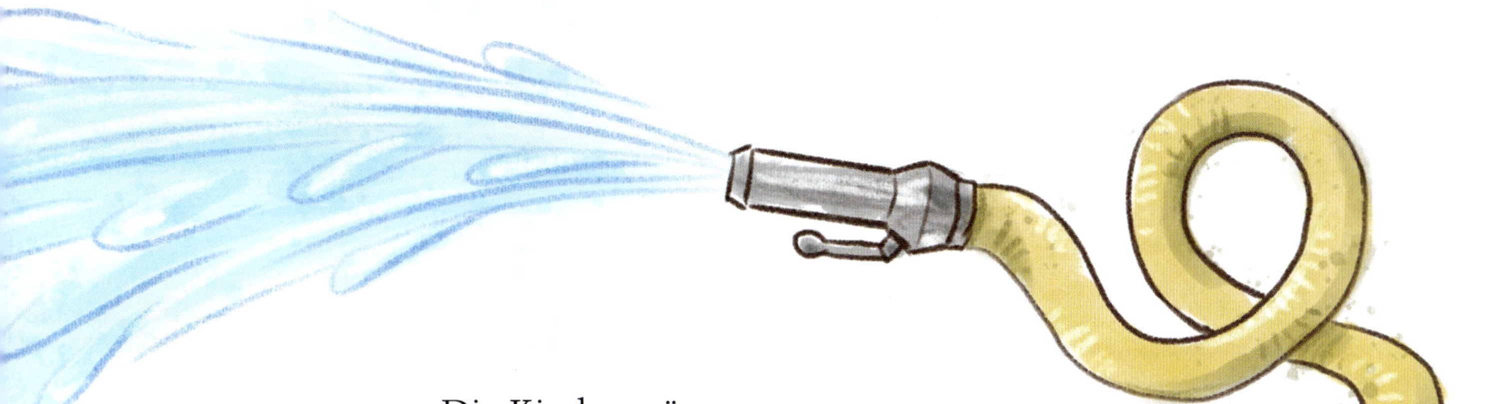

Die Kinder müssen
nicht lange überlegen.
„Dass es alle sehen!“, ruft Jan. „Weil es
schnell ist und alle Platz machen müssen!“
„Na klar!“, bestätigt die Feuerwehrfrau. „Die Farben, die auch nachts für uns am besten zu sehen sind, sind Gelb oder Lemongrün. Deshalb haben sich manche Länder entschieden, diese Farben für ihre Feuerwehrautos zu nutzen. In Deutschland haben wir uns vor langer Zeit auf die Signalfarbe Rot geeinigt. Früher waren die meisten Autos schwarz oder weiß, da fiel Rot noch so richtig auf. Ein paar Jahre lang war die Feuerwehr sogar mal dunkelgrün, weil sie zur Polizei gehörte. Das wollte man dann nicht mehr. Rot heißt: Achtung! Aufpassen! Und jeder erkennt es bei uns als Feuerwehrfarbe.“
„Und nachts?“, will Maurice wissen.
„Da haben wir ja auch noch das laute Martinshorn und das Blaulicht“, sagt ein Feuerwehrmann.
„Und mit den gelben Streifen hinten am Einsatzwagen sind wir unübersehbar!“
Den anderen Kindern tut es leid, dass sie über Maurice gelacht haben.

Als der Einsatzleiter wenig später fragt, wer im Rettungskorb vom Drehleiterwagen nach oben fahren möchte, melden sich sofort alle, aber Hülya ruft: „Maurice darf als Erster fahren! Weil wir so gemein zu ihm waren."
Das finden die anderen Kinder nur fair. Maurice wird ein wenig rot.
Er freut sich. Er steigt mit der Feuerwehrfrau in den Rettungskorb und schon geht es hoch hinauf. Die Fahrzeuge unter ihnen leuchten – feuerrot mit gelben Streifen.
„Und?", fragt die Feuerwehrfrau. „Ist dir schwindelig?"
Maurice strahlt. „Gar nicht!", ruft er.
Die Feuerwehrfrau schmunzelt. „Schwindelfrei und mutig! Aus dir wird mal ein guter Feuerwehrmann."

Die richtige Portion Kraft

Morgen fliegt Ömer das erste Mal mit einem Flugzeug. Er will mit Opa und Mama Tante Fatma in Istanbul besuchen. Er ist so aufgeregt! Opa hat ihm ein Spielflugzeug mitgebracht, das sie nun im Garten fliegen lassen. Ömer wirft es mit viel Kraft in die Luft. Leider fliegt es nicht besonders weit. Schon nach wenigen Metern saust es, die Flugzeugnase voran, senkrecht ins Gras.
„Das ist die Schwerkraft", sagt Opa bedauernd.

„Was ist Schwerkraft?“, fragt Ömer und wirft das Flugzeug noch einmal hoch. Wieder ohne Erfolg.
„Das ist die Kraft, mit der Sachen zu Boden gezogen werden. Auf der Erde lässt sie alle Dinge nach unten fallen, zum Erdmittelpunkt hin. Deshalb heißt sie auch ‚Erdanziehungskraft‘“, erklärt Opa.
Ömer lässt sich rückwärts ins Gras fallen. „Ist das auch Schwerkraft?“, will er wissen.
Opa lacht. „Ja, und das Beste ist: Sie macht, dass du nie von der Erde runterfällst!“
Ömer steht auf und nimmt sein Spielflugzeug.
„Ich halte es einfach fest, dann kann es fliegen!“, sagt er, streckt es hoch über seinen Kopf und rennt damit durch den Garten.
„Bitte landen!“, ruft da Mama. „Abendbrot!“

Warum fallen Flugzeuge nicht vom Himmel?

Sie essen und dann packen sie ihre Koffer, sodass Ömer keine Zeit mehr hat, über die Schwerkraft nachzudenken. Erst beim Einschlafen fällt sie ihm wieder ein. Wenn alle Dinge wegen der Schwerkraft nach unten fallen – dann doch auch das Flugzeug, mit dem sie morgen fliegen! Plötzlich freut Ömer sich gar nicht mehr auf die Reise. Was, wenn ihr Flugzeug einfach vom Himmel stürzt? Oder gar nicht fliegen kann, weil es keinen Riesen oder so was gibt, der es hoch in die Luft hält und nach Istanbul bringt? Ömer beschließt, dass er lieber zu Hause bleibt. Er steigt aus dem Bett und packt seinen Koffer wieder aus. Dabei weint er ein bisschen, weil er doch seine Tante so gerne wiedersehen wollte.
Da kommt Opa ins Zimmer.
„Was ist denn mit dir los?“, fragt er.
„Ich bleibe hier“, schluchzt Ömer. „Wegen der Schwerkraft. Weil sie macht, dass alle Dinge nach unten fallen. Auch Flugzeuge.“
Opa aber lächelt. „Glaubst du wirklich, es gibt nur eine einzige Kraft auf der Welt?“, fragt er. „Ein Flugzeug benutzt sogar vier Kräfte!“
Ömer zieht die Nase hoch. Dann spannt er seine Armmuskeln an. „Solche Kräfte?“
„Kraft gibt es überall, auch in der Luft!“, sagt Opa. „Um ein Flugzeug zu fliegen, brauchst du Schwerkraft, Auftrieb, Vortrieb und Widerstand. Die Schwerkraft zieht es nach unten, der Auftrieb saugt es gleichzeitig nach oben. Der Vortrieb bewegt es vorwärts und der Widerstand bremst es.“

Auftrieb
Luft-
wider-
stand
Antrieb
Schwerkraft

„Wie kriege ich so viele Kräfte?“, fragt Ömer.
„Dabei hilft dir die Luft“, sagt Opa. „Sie kann nämlich strömen, wie Wasser. Beim Fahrradfahren spürst du doch den Fahrtwind, nicht wahr?“
Ömer nickt.
„Durch Propeller oder Turbinen bewegt sich das Flugzeug vorwärts. Dann kann die Luft daran vorbeiströmen. Die Oberseite der Flugzeugflügel ist gewölbt. Dadurch strömt die Luft daran schneller vorbei als an der flachen Unterseite und zieht das Flugzeug nach oben. Wenn der Auftrieb stärker ist als die Schwerkraft, hebt das Flugzeug ab. Die Luft muss also nur schnell genug strömen.“
Ömer hört mit glühenden Wangen zu. „Ui, dann muss das Flugzeug dafür superschnell werden?“
„Genau! Deshalb ist die Startbahn so lang: damit es schnell genug wird. Beim Abheben rappelt es zwar bei so viel Kraft“, sagt Opa, „aber oben

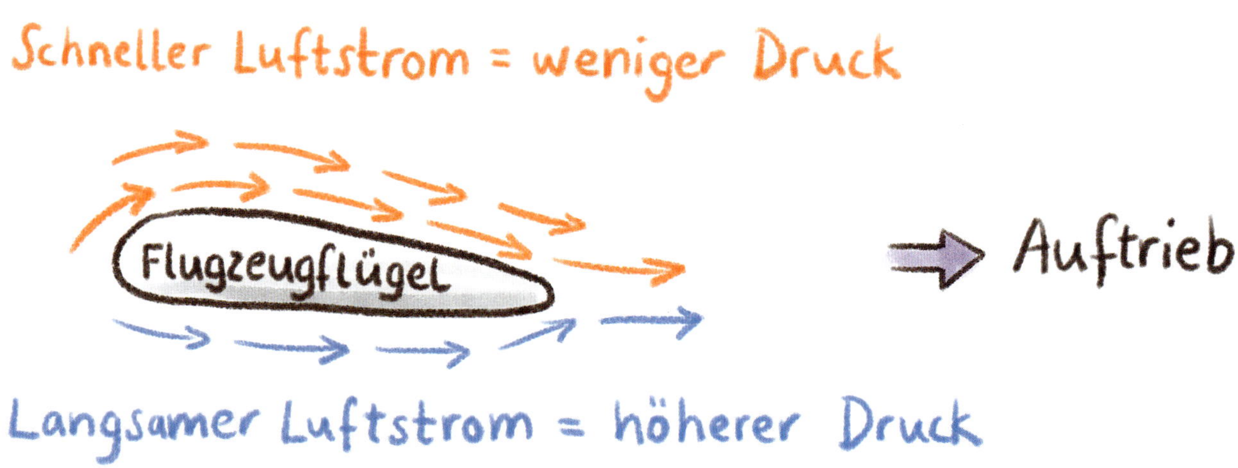

in der Luft hört es auf. Beim Landen ist es andersherum, da muss die Schwerkraft wieder ran."
Ömer staunt. Er hätte nicht gedacht, dass es in der Luft solche Superkräfte gibt!
„Opa, wieso weißt du so viel über Kräfte?", fragt Ömer.
Opa wird rot. „Als ich das erste Mal geflogen bin, hatte ich auch Angst", verrät er.
„Du?" Ömer kann nicht glauben, dass Opa vor irgendwas Angst hat!
„Aber seit ich herausgefunden habe, wie es funktioniert, geht es besser", erzählt Opa. „Und mit dem Flugzeug kommen wir ja auch viel schneller nach Istanbul zu deiner Tante Fatma."
„Mit vier Superkräften!", ruft Ömer. „Und weißt du was? Es gibt noch eine fünfte! Das bin ich!"
Ömer nimmt Opa fest in den Arm. Da lacht Opa und sagt: „Bei so viel Kraft brauchen wir wohl beide nie mehr Angst haben!"

Die Reise mit den Wassertropfen

An einer Quelle lebte ein kleiner Kobold. Jeden Tag beobachtete er, wie das Wasser lustig aus dem Boden sprudelte und sich die Wassertropfen auf ihre Reise begaben. Vor lauter Reisefieber murmelten und plapperten sie dabei. Das machte den Kobold fröhlich.

Eines Tages rief ihm ein Wassertropfen zu: „Kleiner Kobold, sitz nicht rum! Komm mit uns!"

„Wohin denn?", fragte der Kobold. Er war noch nie woanders gewesen als an seinem Platz.

„Zum Meer! Zum Meer!", riefen die Wassertropfen.

Der Kobold wusste nicht, was das Meer war. Aber ihn packten Neugier und Abenteuerlust.

Ehe er sichs versah, hatte er sich schon auf den Weg gemacht und folgte den fröhlichen Tropfen.

Zuerst sprangen sie flink über Stein und Fels ihren Weg hinab, sodass der Kobold neben ihnen herklettern musste. Doch dann sammelten sie sich in einem schmalen Bachbett. Der Kobold war ganz aus der Puste.

„Ich bin nicht so schnell wie ihr!", rief er.

„Du brauchst ein Boot, dann bist du es!", antworteten die Wassertropfen.

Da baute sich der Kobold ein Boot aus Baumrinde. Er ließ es ins Wasser hinab und schon trug der Strom der Wassertropfen ihn mit sich. Manchmal glitt das Boot ruhig dahin, manchmal wurde es so herumgewirbelt, dass dem armen Kobold schwindelig wurde.

Der Bach wurde zu einem kleinen Fluss, der in einen breiteren Fluss floss. Dort fuhren auch Schiffe, tausendmal größer als das Rindenboot. Die Wassertropfen schoben es nah ans Ufer, damit der Kobold nicht umgefahren wurde.

„Der Fluss ist aber stark, dass er solche Schiffe tragen kann!“, wunderte sich der Kobold.

Die Wassertropfen kicherten. „Alle zusammen sind wir so stark, dass wir sogar Täler formen können und überall einen Weg finden!“

Wohin fließt das Wasser im Fluss?

Sie kamen in eine Stadt.

Die Strömung war nun sehr schnell, das Flussufer war mit Beton und Mauern eingefasst. Hier lagen viele Schiffe und Menschen gingen an den Uferpromenaden spazieren.

„So viele Leute!“, staunte der Kobold.

„Ja“, lachten die Wassertropfen, „die Menschen haben ihre Dörfer und Städte schon immer gerne an die Flüsse gebaut, weil sie darauf ihre Handelsware transportieren können. Oder weil sie die Wasserkraft

nutzen. Für uns ist es aber zu gerade und zu eng, hier müssen wir viel zu schnell fließen!"

Der Kobold und die Wassertropfen sausten förmlich durch die Stadt. Doch schon bald machte der Fluss wieder große Schleifen, durch die das Wasser gemütlicher fließen konnte. Der Kobold schaukelte vorbei an Kiesbänken und Steilufern, in denen Vögel brüteten. Eine Weide ließ ihre Zweige ins Wasser hängen.

„Hier haben wir Platz", freuten sich die Wassertropfen. „Und wenn wir durch den Regen zu viele werden, können wir über die Ufer in die Aue strömen. Die Weide mag es, wenn wir ihre Füße ab und zu umspülen."

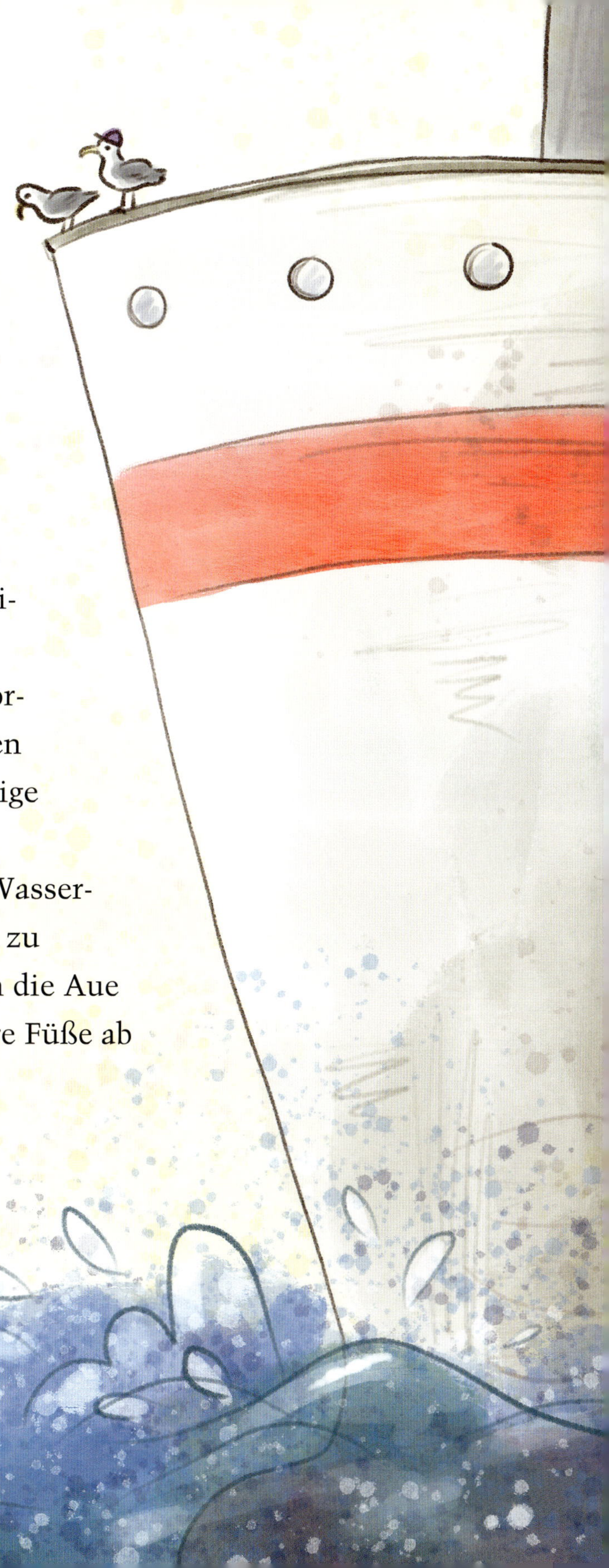

Hinter einer Kurve wäre das Rindenboot fast in einen Biberbau gefahren. Der Kobold staunte. Der Fluss hatte so viele Gesichter!

Schließlich wurde er so breit, dass der Kobold das andere Ufer kaum noch sehen konnte.

„Bald sind wir im Meer!“, riefen die Wassertropfen voller Vorfreude. Schon kreisten die Möwen am Himmel und die Wellen schlugen höher. Der Kobold hielt sich an seinem Rindenboot fest und staunte über das viele Wasser. Mit einem Mal bekam er Heimweh nach seiner Quelle.

„Wie komme ich nur je wieder heim?“, rief er.

Sein Boot trieb immer weiter aufs Meer hinaus.

Da lachten die Wassertropfen.

„Wir nehmen dich mit!“, gurgelten sie.

Als die Sonne höher stieg, schwebten die Wassertropfen in den Himmel auf und trugen den Kobold mit hinauf in ihre Wolke. Der Wind blies die Wolke auf das Land zurück. Unter ihnen lag der Fluss, auf dem der Kobold zum Meer gereist war. Bald entdeckte er auch seine Quelle.

„Ich bin zu Hause!“, jubelte er.

Da fielen die Wassertropfen zusammen mit dem Kobold als Regen zur Erde. Während die Tropfen in der Erde versickerten und sich aufs Neue den Weg zur Quelle bahnten, hüpfte der Kobold glücklich auf seinen Platz zurück.

„Gute Reise!", rief er den heraussprudelnden Wassertropfen zu. „Und bis bald!"

Die Niespulverkanone

In Inas und Viktors Straße wohnt ein Erfinder. Er heißt Herr Mai und besitzt eine Menge seltsamer Dinge, mit denen er noch seltsamere Dinge baut. Mama sagt immer, Herr Mai habe noch nie etwas erfunden, das man gebrauchen konnte. Ina und Viktor besuchen ihn gerne, gerade weil er so verrückte Ideen hat. Schließlich könnten aus verrückten Ideen irgendwann tolle Erfindungen werden, oder?
Als die Kinder heute in seine Garage kommen, kitzelt es in ihren Nasen. Ina kneift die Augen zu, dann holt sie tief Luft und niest kräftig. Sie hält sich eilig die Hand vor den Mund. Viktor hingegen hält sich die Nase zu, weil sie so kribbelt.

„Herrje, ich war wohl nachlässig beim Befüllen meiner neuen Erfindung!", ruft Herr Mai. „Ina: Immer in die Armbeuge niesen. Und Viktor: Niesen niemals unterdrücken! Wenn du was in der Nase hast, muss es ja raus, nicht wahr? So ein Nieser macht die Nase sauber. Wenn du erkältet bist, werden dabei sogar die Krankheitserreger hinausgeschleudert." Er zeigt auf Viktors Arm. „Deshalb die Armbeuge, die sind ja sonst an deinen Händen und wer weiß wo …"

Da niest auch Viktor – und macht es gleich mal richtig.

„Was ist die neue Erfindung?", fragt Ina. „Eine Niesmaschine?"

„Eine Geheimwaffe", flüstert Herr Mai. „Mit der kann die Polizei gefahrlos gefährliche Verbrecher fangen."

„Wie funktioniert sie?", will Viktor sofort wissen.

„Dies", verkündet Herr Mai und deutet auf das Rohr, an dem er arbeitet, „ist eine Niespulverkanone! Wenn man sie abfeuert, verteilt sich Niespulver in der Luft."

Warum müssen wir niesen?

„Und dann?“, fragt Ina skeptisch.
„Das Niespulver gerät dem Verbrecher in die Nase, so wie dir gerade“, erklärt Herr Mai. „Sein Körper merkt durch den Reiz, dass etwas Fremdes in der Nase ist, das sofort rausmuss. Niesalarm! Der Verbrecher kneift die Augen zu und schleudert mit 160 Kilometern in der Stunde eine Nieswolke aus Luft, Schleim und Spucke heraus. Sie fliegt mehrere Meter weit …“
„Aber“, wendet Viktor ein, „nur weil er niest, kann man ihn ja nicht fangen!“
„Er muss immer wieder niesen, solange das Pulver in der Luft ist“, sagt Herr Mai. „Damit ist er so beschäftigt, dass die Polizei ihn sich schnappen kann. Der kriegt gar nichts mehr mit.“
Die beiden Kinder sind sich nicht sicher, ob das so einfach geht. Sie helfen Herrn Mai trotzdem mit der Kanone. Der wird plötzlich blass.
„Die Sicherheitsschraube ist lose!“, schreit er. „Alle in Deckung, die Kanone geht los!“
Zu spät! Die Niespulverkanone zischt und schon zerstiebt eine gewaltige Wolke Niespulver über der Straße.
Ina und Viktor niesen: „Hatschi!“
„Huatschi!“, macht Herr Mai.

„'tschi!“, macht der Dackel von gegenüber und sein Herrchen niest so kräftig, dass es vom Liegestuhl fällt. Der Postbote niest und Frau Klein von nebenan und ihr Baby, Herr Yilmaz und Frau Kraus, Meiers Katze und die Kinder auf der Straße. Kaum dass eine Nase freigeniest ist, kommt auch schon der nächste Nieser. Und bei jedem hört es sich ein wenig anders an.

„Hatschi! Das funktioniert“, niest Ina. „Es hört – hatschi! – nicht mehr auf!“

„Wir müssten – haptschi! – das Pulver wieder aus der Straße pusten, wie beim Niesen – haptschi!“, schnieft Viktor.

„Regen spült es – huatschi! – weg!“, schnäuzt es aus Herrn Mai heraus.

Aber es ist keine Wolke am Himmel zu sehen!

Da haben Ina und Viktor eine Idee. Sie rufen den anderen Kindern zu: „Macht die – hatschi! – Rasensprenger an!“

Im Nu rennen alle Kinder los und ein Rasensprenger nach dem anderen wird aufgestellt. Tatsächlich: Das Wasser reinigt die Luft vom Niespulver! Und damit auch das letzte Körnchen verschwindet, veranstalten die Kinder eine ordentliche Wasserschlacht – sogar ein paar Erwachsene machen mit. Es wird ein großartiger Tag!

„Mama, ich glaube, die Polizei kauft die Niespulverkanone und fängt damit Verbrecher“, ist sich Ina abends sicher. „Nur … dann brauchen die Polizisten Wäscheklammern für ihre Nasen.“

„Ich weiß nicht …“, sagt Mama. „Aber immerhin hat Herr Mai eine Methode erfunden, wie man alle Kinder auf einen Schlag sauber kriegt!“

„Und alle Nasen!“, ruft Viktor.

Ein Fall für die Meisternase

„Du bist traurig. Das riech ich“, sagt eine Stimme neben Leo. „Nur deshalb rede ich mit dir.“

Leo schaut auf. Ein Hund steht nicht weit von ihm entfernt auf der Wiese. Er hat Schlappohren und eine lange Schnauze. Leo streckt ihm den kleinen roten Schal entgegen.

„Teddy ist weg“, schluchzt er.

„Ist das sein Schal?“, fragt der Hund.

Leo nickt.

„Darf ich mich vorstellen?“ Verwegen hält der Hund Nase und Ohren in den Wind. „Mein Name ist Sherry Lock. Man nennt mich ‚die Meisternase‘. Ich werde Teddy wiederfinden. Kostet dich ein Würstchen.“

„Ich habe kein Würstchen“, murmelt Leo leise.

„Noch nicht“, stimmt Sherry Lock zu. „Aber im Garten neben dem Park hat gerade jemand den Grill aufgestellt. Ich rieche die Kohle.“

Leo staunt. „Mein Papa! Wir wollen später grillen!"
Sherry Lock hebt die Schnauze. „Ich sag ja: Meisternase!"
Soviel Leo auch schnuppert, er kann keine Grillkohle riechen.
„Falsche Technik, wenig Riechzellen", sagt Sherry Lock.
„Wie bitte?", fragt Leo.
Die Hundedame seufzt. „Hör zu: Ich habe hier in meiner hübschen Schnauze 220 Millionen Riechzellen. Das sind zehn Mal mehr, als ihr Menschen habt. Meine Nasenschleimhäute haben eine viel größere Oberfläche als deine. Sie sind aufgefaltet, dadurch passen mehr Riechzellen darauf. Im Gegensatz zu mir bist du richtig riechblind."
Noch einmal zieht Leo Luft durch die Nase. Er riecht schon etwas, zum Beispiel das frisch gemähte Gras …
„Meine Riechzellen sind auch empfindlicher und ich habe eine viel bessere Schnuppertechnik!", erklärt Sherry Lock.

Warum können Hunde so gut riechen?

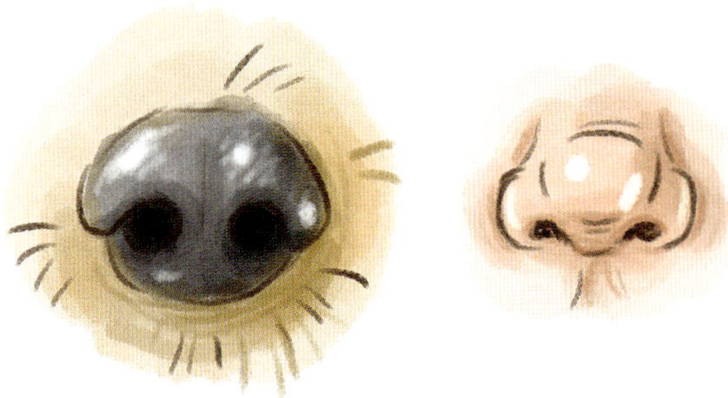

„Viele kurze Atemstöße, bis zu 300 pro Minute. Das ist der Grund, warum meine Riechzellen nie müde werden. Menschen atmen höchstens achtzehn Mal in der Minute. Klar, dass ihr nicht wie wir Hunde eine Million Gerüche unterscheiden könnt, sondern nur 10.000. Meine Nase muss nur schön feucht sein, um alle Düfte gut zu erfassen."

‚Wenn diese Hundedame so gut riechen kann, kann sie Teddy vielleicht wirklich finden', überlegt Leo.

„Du kriegst ein Würstchen", verspricht er.

„Dann los!" Sherry Lock schnuppert am Schal. „Okay, jetzt hab ich Teddys Duft. Wo hast du ihn das letzte Mal gesehen?"

„Neben meinem Fahrrad am Spielplatz", sagt Leo.

Sherry Lock rennt sofort zum Spielplatz. Dabei hat sie die Nase immer auf dem Boden. Zielstrebig läuft sie auf Leos Fahrrad zu, obwohl dort noch andere Räder stehen.

„Woher wusstest du, dass dieses hier meins ist?", ruft Leo.

„Es riecht nach dir", knurrt Sherry Lock. Sie schnuppert die direkte Umgebung ab und verkündet: „Meine Nase gibt mir folgende Informationen: Vor einer halben Stunde ist hier ein Terrier aufgetaucht, der Teddy mitgenommen hat. Eine Entführung!"

Leo ist entsetzt. „O nein!“
„Wir folgen der Fährte dieses Schurken!“, ruft Sherry Lock.
Blitzschnell nimmt sie die Verfolgung auf, sodass Leo kaum hinterherkommt. Ab und zu ruft sie „Hier hat er Pipi gemacht!“ oder „Hier hat er gebuddelt!“.
Dann stoppt sie vor einem Gebüsch und raunt: „Hinter diesen Sträuchern versteckt er sich.“
Sie schleichen sich vorsichtig an. Und da liegt tatsächlich ein kleiner Terrier und schläft, mit dem Kopf auf Teddys kuscheligem Bauch.

Sherry Lock bellt laut. Der Terrier springt hoch und kläfft ebenfalls. Aber als er die Hundedame und Leo sieht, nimmt er Reißaus. Glücklich schließt Leo Teddy in seine Arme und drückt ihn ganz fest. Dann bindet er ihm wieder seinen Schal um.
„Du kriegst so viele Würstchen, wie du willst, Sherry Lock!", ruft Leo.
Die bellt zufrieden. „Unterschätze nie eine Hundenase", sagt sie. „Unschlagbar im Informationensammeln! Na ja, zumindest die meisten von uns. Ein Kollege von mir kann sogar Krankheiten erschnüffeln."
Wie gerne hätte Leo auch so eine Meisternase!
„Oh, schau mal! Mein Vater winkt. Bestimmt sind die Würstchen fertig", vermutet er.
„Also erstens: Ich kann nicht gut sehen, aber was soll's – ich rieche ihn. Und zweitens: Dass die Würstchen auf dem Grill liegen, weiß meine Nase schon lange. Was glaubst du, wieso ich mich so beeilt habe?" Sherry Lock schleckt sich erwartungsvoll die Schnauze.
Leo ist so froh, dass er sie getroffen hat und Teddy gerettet ist. Sie machen ein Wettrennen zu seinem Haus. Und dann gibt es Würstchen für alle. Nur Teddy will keins. Er muss erst mal baden …

Der einsame Kaktus

Seit zwei Tagen ist der Cowboy Billy Schnellschuss schon in der Wüste unterwegs. Die Welt scheint nur noch aus Staub, trockenem Gestrüpp und glühender Sonne zu bestehen. Er gibt seinem treuen Pferd Paco sein letztes Wasser.
„Paco“, sagt er, „wenn wir nicht aus dieser Wüste hinausfinden, ist es aus mit uns.“
Da entdeckt der Cowboy in der Ferne einen Kaktus. Er ist bestimmt zehn Meter hoch und streckt viele stachelige Arme Richtung Sonne.
„Paco! Wo so etwas wächst, gibt es garantiert auch Wasser!“, ruft Billy.

Aber als sie bei dem Kaktus ankommen, ist da kein Wasser. Und dann passiert etwas, das nur passiert, wenn man zu lange durch eine heiße Wüste irrt: Der Kaktus spricht.

Er sagt: „Oh, wie schön, Besuch!“

Billy lässt sich verblüfft in den Sand fallen. Er weiß nicht genau, was er erwidern soll, und stammelt: „Ha-hallo, Kaktus!“

Paco schaut misstrauisch am Stachelstamm empor.

„Weißt du, wo wir Wasser finden?“, fragt Billy.

„Ah, das ist hier selten! Alle wissen, dass ich das wenige Wasser, das es gibt, mit meinen langen Wurzeln sammle und speichere“, sagt der Kaktus stolz. „Auch wenn es nur einmal im Jahr regnet, habe ich immer genug Flüssigkeit in meinem Inneren. Sehr viel Flüssigkeit!“

‚Das ist die Lösung!‘, denkt Billy. Er muss irgendwie an das Innere des Kaktus herankommen. Doch als er versucht, ihn anzufassen, sticht er sich fürchterlich.

„Aua!“, schreit er auf. „Du hast aber spitze Stacheln!“

„Stacheln?“, ruft der Kaktus empört. „Ich habe doch keine Stacheln! Die brechen viel zu schnell ab und sind zum Klettern da. Wo soll ich denn hier bitte schön klettern?“

Warum hat der Kaktus ~~Stacheln~~ Dornen?

Billy deutet mit der unverletzten Hand auf die spitzen Dinger, die den Kaktus bedecken. „Und wie nennst du das?“

„Dornen! Meine Vorfahren haben mit der Zeit ihre Blätter in Dornen umgewandelt. Blätter lassen einfach zu viel Flüssigkeit verdunsten. Dornen nicht. Außerdem würden mich ja alle fressen, wenn ich sie nicht hätte. Dann könnte ich hier gar nicht überleben“, erklärt der Kaktus. „Und sowieso: Ich schmecke total bitter.“

Billy fühlt sich ertappt. Genau genommen wollte er das ja gerade auch.

„Aber wir brauchen Wasser!“, stöhnt er.

„Lass dir solche Dornen wachsen wie ein paar meiner Verwandten.

Die können damit sogar die winzigsten Tautropfen aus der Luft fangen", schlägt der Kaktus vor.
„Menschen haben keine Dornen", sagt Billy.
„Schade", bedauert der Kaktus. „Dabei schützen mich meine sogar vor der Sonne. So wie meine dicke Haut und die Rillen darin. Hast du dicke Haut und Rillen?"
Billy schüttelt den Kopf. Paco wiehert leise. Sie schwitzen.
„Macht mal eure Poren zu, damit nicht euer ganzes Wasser verdunstet, oder könnt ihr das etwa auch nicht? Ihr seid lustige Typen", plaudert der Kaktus munter. „Wie ist es da draußen in der Welt?"
Billy erzählt ihm von den Bergen und Flüssen, die sie überquert haben. Die Flüsse interessieren den Kaktus sehr. Er kann sich gar nicht vorstellen, dass sie darin geschwommen sind. So viel Wasser würde es in dieser Wüste nie geben!

Nach einer Weile krächzt Billy matt: „Ich glaube, es geht bald zu Ende mit uns."
Der Kaktus mag die Geschichten von Billy Schnellschuss und Paco. Er will nicht, dass es zu Ende geht mit den beiden. Da fällt ihm etwas ein.
„Ach, ich Dummi!", ruft er. „Ich habe ja noch meine Früchte!"
Die rubinroten Früchte wachsen unerreichbar weit oben am Kaktusstamm, aber der Kaktus wirft einige davon zu Billy hinab.
Der öffnet ihre harte Schale mit seinem Messer. Die Früchte sind voller schwarzer Samen, die in süßem Fruchtfleisch stecken. Sie helfen kaum gegen den Durst. Aber sie geben Paco und Billy neue Kraft.
„Danke", sagt Billy. „Paco, jetzt können wir weiter Wasser suchen!"
„Seht ihr die Felsen am Horizont? Ein Kojote hat mal gesagt, dahinter ist Wasser", verrät der Kaktus. „Bitte kommt bald wieder! Ich bin hier so allein."
„Dann gehen wir dorthin! Und wir kommen wieder. Cowboy-Ehrenwort!", verspricht Billy.
Der Kaktus sieht den beiden lange nach. Hinter den Felsen endet die Wüste und Billy und Paco finden tatsächlich einen schmalen Fluss, den sie fast leer trinken. In der nächsten Stadt füllen sie ihre Vorräte auf.
Den einsamen Kaktus aber besuchen sie von nun an oft.
„Eigentlich", sagt Billy einmal, „mag ich die Wüste. Aber nur mit genug Wasser."
Ja, da sind sich Cowboy, Pferd und Kaktus einig. Irgendwie.

Die Rettung der Dunkelheit

Zum Haus der Schneiders geht Wichtel Pip immer gerne. Da wohnen zwei nette Kinder, die ihm manchmal einen Teller mit Keksen auf die Terrasse stellen. Und sie freuen sich, wenn er die Ringelblumen im Kasten vor ihrem Fenster schneller wachsen lässt oder verloren gegangenes Spielzeug wiederfindet. Natürlich haben sie ihn noch nie gesehen – er ist schließlich ein Wichtel!

In dieser Sommernacht aber erschrickt Pip. In der Einfahrt steht eine neue Lampe, die so hell leuchtet, dass man den Sternenhimmel nicht mehr sieht. Und um das Licht schwirren drei Motten, immer im Kreis, als wären sie verrückt geworden.

„Ich kann nicht mehr!", ruft die eine.

„Der Mond ist so hell heute Nacht!", keucht die zweite.

„Ich fliege seit Stunden, ich komme nicht an!", stöhnt die dritte.

Dann fallen sie erschöpft Richtung Boden, eine nach der anderen.

Vorsichtig fängt Pip sie auf. Zornig schaut er auf die zu allen Seiten strahlende Lampe.

„Dieses Licht bringt alles durcheinander!", schimpft er.

Er trägt die Motten zur Rückseite des Hauses. Dort ist es schön dunkel. Sterne und Mond funkeln fern am Himmel.
„Der Mond!", flüstert eine der Motten. „Jetzt sieht er wieder aus wie immer. Nun weiß ich, wohin ich fliegen muss."
Pip mahnt: „Geht aber erst auf Futtersuche, wenn ihr wieder bei Kräften seid."
Er hingegen läuft ums Haus, nimmt ein paar Steinchen und wirft sie ans Kinderzimmerfenster. Es dauert nicht lange und zwei verwuschelte Köpfe erscheinen.
„Ich hab gewusst, dass es Wichtel gibt!", ruft die kleine Paula, als sie sieht, wer unten im Beet steht.
Ihr Bruder Ben reibt sich die Augen.
„Ihr müsst das Licht ausmachen!", ruft Pip und zeigt auf die Lampe in der Einfahrt. Denn – o weh! – noch mehr Motten und Insekten haben sich dorthin verirrt und kreisen um den hellen Schein.

Warum fliegen Motten immer zum Licht?

„Schnell!“, ruft Pip. „Bitte!“ Ben zögert, aber Paula läuft schon nach draußen. Einem Wichtel schlägt man keine Bitte ab! An der Haustür drückt sie auf den Schalter für die Lampe. Sofort wird alles dunkel. Die Motten und Insekten fliegen erleichtert davon. Für sie sind Mond und Sterne gerade hell genug.
„Du hast sie gerettet!“, ruft Pip froh.
„Wen habe ich gerettet?“, fragt Paula erstaunt.

„Die Motten! Sie halten das helle Licht der Lampe für Mondlicht“, erklärt Pip. „Deshalb lockt es sie an. Eigentlich zeigen ihnen Mond und Sterne, wohin sie fliegen müssen. Die Motten halten beim Fliegen immer einen bestimmten Winkel zum Mond ein – das geht, weil er weit weg ist und sich deshalb scheinbar immer an der gleichen Stelle befindet. Mit der Lampe klappt das nicht. Sie ist zu nah, der Winkel verändert sich dauernd. Also fliegen sie darum herum, bis sie nicht mehr können. Oder sie geraten sogar in die heiße Lampe hinein. Viele Insekten sterben deshalb.“

„Das ist ja schrecklich! Wir machen die Lampe nie mehr an!“, ruft Paula.

Gerade ist auch Ben aus dem Haus gestapft. „Paula, das geht nicht!“, sagt er noch, da hören sie es rumsen und Papa fluchen. Pip versteckt sich schnell. Erwachsene glauben ja nicht an Wichtel.

„Wieso ist die Lampe aus?“, schimpft Papa. „Jetzt bin ich über die blöde Mauer gestolpert.“

„Siehst du, Paula“, sagt Ben. „Papa kann sich nicht an den Sternen orientieren, wenn er so spät von der Nachtschicht kommt.“
Papa kommt zu ihnen und reibt sich das Schienbein. „Was macht ihr hier mitten in der Nacht? Habt ihr das Licht ausgeschaltet?“
Paula lässt den Kopf hängen. „Die Motten sterben wegen dem Licht“, sagt sie traurig. „Hast du das gewusst, Papa?“

„Na ja, ich habe nicht über die Insekten nachgedacht", gibt Papa zu. „Ohne Licht ist es hier nachts einfach zu dunkel."
„Aber man kann mehr Sterne sehen", flüstert Paula. Das stimmt! Es ist wirklich schön, das findet auch Papa.
Ben überlegt laut: „Vielleicht gibt es ja ein Licht, das die Motten nicht für den Mond halten …"
„Oder eins, das nur angeht, wenn Papa kommt?", schlägt Paula vor.

Papa nickt. „Hm, ihr habt recht. Wir brauchen hier draußen Licht, das für Papas und Motten gleich gut geeignet ist. Damit könnten wir sogar Strom sparen. Wir schauen morgen mal danach. Aber nun ab ins Bett!“ Pip sitzt zufrieden im Kirschbaum und sieht den Motten zu. Auf die Kinder ist immer Verlass! Die Sterne funkeln und er ist froh, dass er ein bisschen Dunkelheit für alle gerettet hat.

Hexenwissen und Zauberkunst

Der Zauberer Mister Fantastico ist so ein Angeber! Dabei hat die Hexe Mirakula sich wirklich auf seinen Besuch gefreut. Und jetzt macht er sich einfach über ihre Hexenkunst lustig.
„Ihr Hexen zaubert nicht richtig“, sagt er. „Mit euren Kräutern und so. Euer Hexenwissen ist nichts wert. Ich bringe das Publikum zum Staunen. Das können nur Zauberer!“
Das ist doch unglaublich! Was bildet der sich ein?
„Damit kommt er mir nicht davon“, denkt Mirakula. Und da hat sie auch schon eine Idee.
Aus ihrem Schrank nimmt sie wie aus Versehen eine Tüte mit gelben Körnern, tut erschrocken und stellt sie dann schnell wieder zurück. Aber so, dass der Zauberer es bemerkt.
„Was war das?“, fragt Mister Fantastico.
Schon hat der Zauberer die Tüte wieder aus dem Schrank genommen. „Aha! Zauberkorn“, vermutet er.

„Davon weiß keiner“, sagt Mirakula geheimnisvoll. „Aber wenn man dieses Zauberkorn in Öl heiß macht und sagt: ‚Gelbes Korn, ich rufe dich, springe hoch und öffne dich! Puff und peng!‘, dann verwandelt es sich in köstliche weiße Puffkörner, die alle Kinder gerne essen.“

Ein Zaubertrick, den keiner kennt und mit dem man etwas zaubern kann, was Kinder gerne essen! Das würde dem Publikum gefallen!

„Ich kaufe dir die Körner ab“, ruft Mister Fantastico. „Zehn Goldtaler!“

Die Hexe lehnt ab. „Das ist zu wenig!“

„Ich schenke dir das Putztuch, das von alleine sauber macht“, sagt der Zauberer. Das geht ihm sowieso auf die Nerven, weil es immer hinter ihm herwischt.

Die Hexe stimmt zu und freut sich, dass sie ab sofort nicht mehr putzen muss.

Mister Fantastico kann es gar nicht abwarten, seinem Publikum das Zauberkorn zu präsentieren. Schon bei der nächsten Vorstellung ist es so weit. Vorher macht er noch allerhand

andere Tricks, die sogar Mirakula beeindrucken. Endlich nimmt er einen dunkelgrauen Kessel, entzündet mit einem magischen Fingerschnipsen ein kleines Feuer darunter und gibt Öl hinein.

„Ich präsentiere nun den geheimen Trick, den kein Zauberer je zuvor probiert hat!“, ruft er. „Ich gebe dieses gelbe Zauberkorn in den Kessel“ – gesagt, getan –, „mache den Deckel drauf und spreche die magischen Worte:

Gelbes Korn, ich rufe dich,
springe hoch und öffne dich!
Puff und peng!“

Die gelben Körner knallen und puffen im Kessel und verwandeln sich in köstlich duftende weiße Bällchen.

„Wer möchte ein Zauberkorn probieren?“, fragt Mister Fantastico, als alle Körner verzaubert sind. Verzaubert?

Ein Kind im Saal ruft: „Das ist doch bloß Popcorn! Das kenn ich! Das gibt's im Kino!“

Alle lachen. Der Zauberer aber wird bleich. Popcorn? Kein geheimes

Zauberkorn? Er fühlt sich furchtbar. Immer bewundern ihn alle – und nun lachen sie über ihn?
Da hat Hexe Mirakula Mitleid mit ihm. Sie springt auf die Bühne und ruft: „Einen Moment! Die wahre Zauberei versteckt sich in den Dingen selbst!“
Alle werden wieder still, am stillsten ist der Zauberer.

„Nicht ein Zauberspruch brachte die Körner mit Karacho zum Springen. Es sind Puffmaiskörner. In ihnen steckt Stärke und Wasser. Als Mister Fantastico die Körner erhitzte, wurde das Wasser zu Dampf, brauchte mehr Platz und drückte gegen die gelbe Schale. Sie platzte auf – puff und peng! –, der Wasserdampf entwich dabei und die aufgequollene Stärke schäumte heraus. Fertig war das Popcorn. Lecker!“
Eines der köstlichen Körner wirft die Hexe in hohem Bogen in ihren Mund.
„Wir wollen auch Popcorn!“, rufen alle Kinder.
„Na, sagst du immer noch, Hexenwissen ist nichts wert?“, fragt Mirakula Mister Fantastico leise.
„Ich lag falsch“, gibt der zerknirscht zu.

Warum poppt Popcorn?

Mirakula lächelt und ruft: „Nun der echte, nie da gewesene Zaubertrick! Mister Fantastico wird euch das Popcorn in den Mund zaubern!"
„Hurra!", rufen alle.
Da strahlt der Zauberer wieder. Das kann er natürlich! Er lässt das Popcorn durch die Luft sausen, bis jeder im Saal davon probiert hat. Danach klatschen alle, laut und lange. Hexe und Zauberer verbeugen sich.
„Hexenwissen und Zauberkunst! Zusammen unschlagbar, oder?", raunt Mirakula dem Zauberer zu.
Der nickt und sagt: „Meine Vorstellung braucht wohl einen neuen Namen: Mirakula, Mister Fantastico und das Geheimnis des Zauberkorns."
Und da lachen sie beide, laut und lange.

Die Schatzsuche

„Wir gehen im Regenwald auf Schatzsuche“, hat Professor Bold zu Filo gesagt. „Das wird ein Abenteuer!“
Und nun stapft Filo schon seit Tagen hinter ihm her. Er kann nicht mehr! Abenteuer? Von wegen! Es ist heiß, extrem feucht und ziemlich dunkel unter dem dichten Blätterdach. Andauernd stolpert Filo über dicke Wurzeln oder erschrickt vor einem im Farn versteckten Tapir. Überall sind Tiere! Gestern saß sogar eine große Spinne auf seinem Nachtlager, die mochte er gar nicht. Der Professor hingegen hat sie begeistert fotografiert.
„Ich hasse diese blöde Waldsauna!“, mault Filo. „Sind wir bald da?“
„Das ist der tropische Regenwald, Filo“, bemerkt der Professor.
„Er sollte Schwitzwald heißen oder Viel-zu-viele-Tiere-Wald!“, schimpft Filo.
„Na ja“, wendet der Professor ein, „immerhin fallen hier 2.000 Liter Regen pro Quadratmeter im Jahr. Da ist ‚Regenwald‘ doch passend!“

Warum heißt der Regenwald Regenwald?

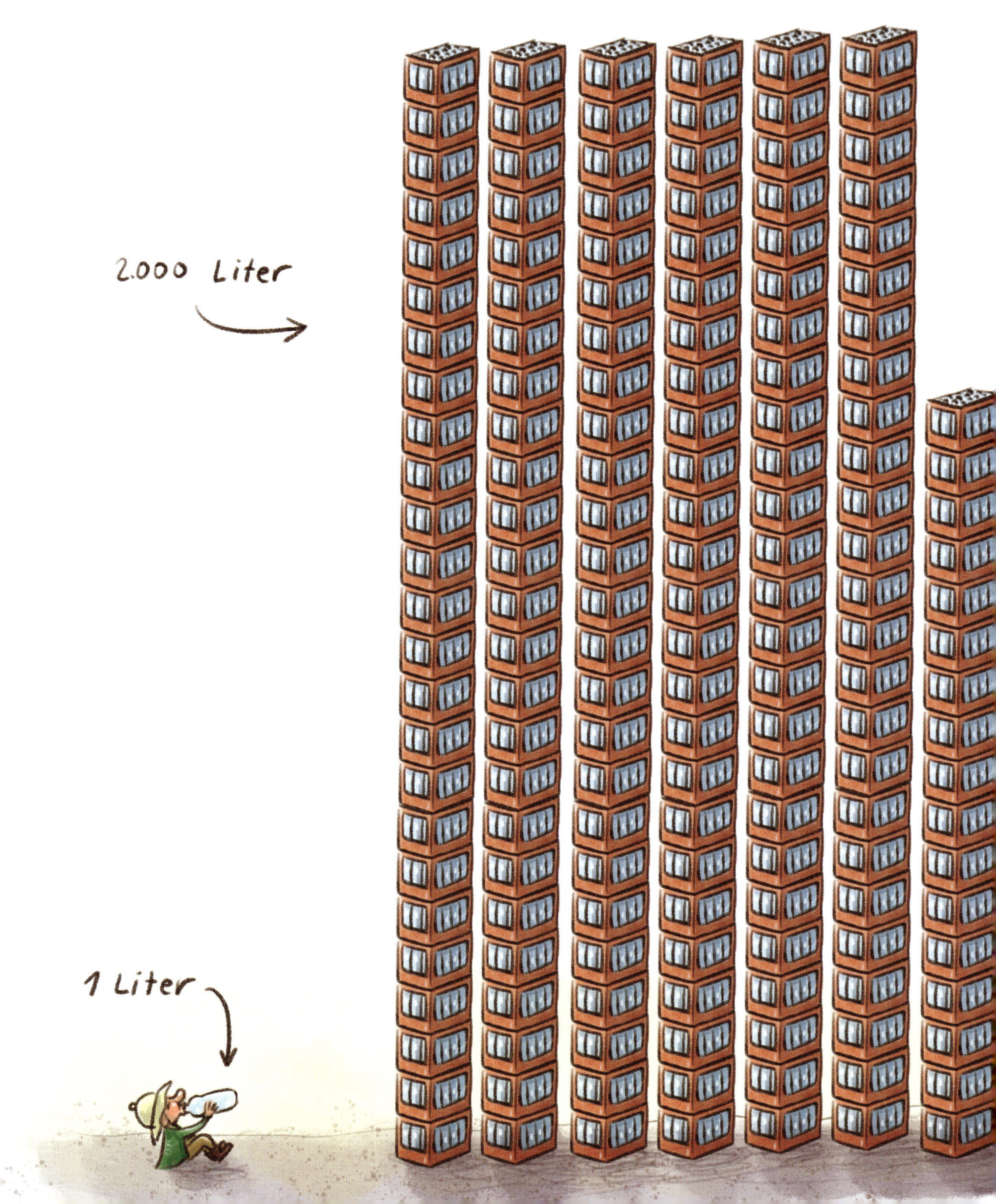
2.000 Liter
1 Liter

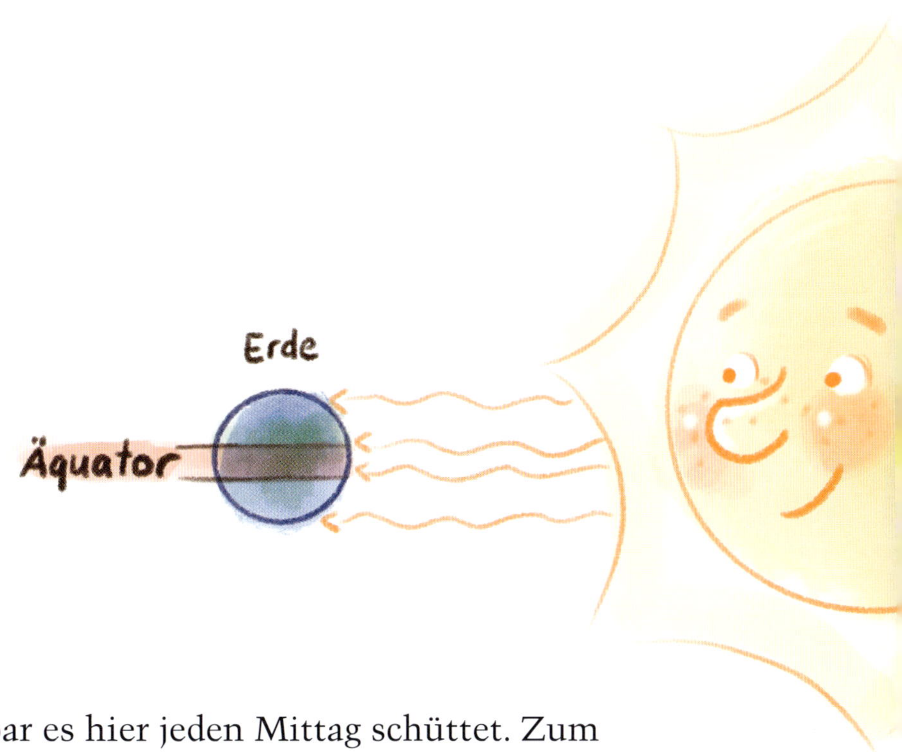

Filo denkt daran, wie furchtbar es hier jeden Mittag schüttet. Zum Glück gibt es genug Pflanzen, unter denen sie Schutz suchen können.
„Woher kommt eigentlich das ganze Wasser?“, fragt er mürrisch.
„Wir sind doch in den Tropen, in der Klimazone am Äquator. Da steht die Sonne senkrecht über der Erde und hat große Kraft. Deshalb verdunstet viel Feuchtigkeit aus den Gewässern und von den Blättern der Pflanzen. Sie steigt in die Luft“, erklärt der Professor.
„Ha! Aber dann wäre das Wasser ja weg!“, trumpft Filo auf.
„Im Himmel kühlt der Wasserdampf ab und bildet Wolken. Und die schicken das Wasser wieder zuverlässig als Regen auf die Erde zurück“, sagt der Professor.
„Das heißt, wenn hier keine Bäume wären, wäre es nicht so feucht?“, fragt Filo.
„Genau!“, bestätigt der Professor. „Der Wald speichert das Wasser mit diesem Kreislauf.“

„Ach, wären nur alle Bäume weg!", wünscht sich Filo. „Es wäre viel heller, und wenn es nicht so feucht wäre, könnte ich besser atmen beim Wandern …"
„Unfug! Der Wald hilft dir doch beim Atmen! Er verwandelt riesige Mengen von dem Gas CO_2 in Sauerstoff. Den brauchst du zum Atmen. Würde er das nicht mehr tun, würde der Rest der Welt durch das Gas in der Atmosphäre viel wärmer werden – zu warm, als dass irgendetwas überleben könnte", sagt der Professor. „Außerdem filtert er giftige Stoffe aus der Luft. Überall, wo es Bäume gibt, ist sie viel sauberer."
Filo atmet tief ein und aus. Vielleicht sollten sie auch einfach mehr Pausen machen …
Da ruft der Professor: „Oh, wir sind da! Darf ich vorstellen: mein Baumriese!"

Sie stehen vor Wurzeln, dicker als Filos Beine, die über ihnen zu einem gigantischen Stamm werden. So einen großen Baum hat Filo noch nie gesehen!

„Ist der Schatz im Baum versteckt?“, fragt er.

„Könnte man sagen“, bestätigt der Professor.

Filo ist so gespannt! Auf der Rückseite des Baumes führt eine seltsame Treppe am Stamm hinauf. Hat der Professor die etwa gebaut?

„Der Wald ist wie ein Haus mit Stockwerken“, erzählt der Professor beim Hochklettern.

„Bis jetzt waren wir im Erdgeschoss. Dort sind Pflanzen, die wenig Licht brauchen, und viele Insekten.

Das hier ist die Strauchschicht, in der Kolibris und Baumpythons wohnen. Und da oben kommt die untere Baumschicht. Oh, schau! Ein Nasenbär! Und die herrlich bunten Schmetterlinge!“

Filo staunt. Je weiter sie am Stamm des Baumriesen hinaufsteigen, umso heller wird es. Bald sind sie in der oberen Baumschicht angelangt. Hier entdeckt Filo ein Faultier und sieht das erste Mal die Affen, die nachts immer so schreien.

„In einem richtigen Haus wären wir jetzt schon im zwölften Stockwerk“, sagt der Professor.

Filo wird ganz schwindelig. Was für eine fremde Welt das ist! Er hat bereits vergessen, wie sehr er eben noch geschimpft hat. Schließlich erreichen sie den Saum des Kronendachs. Dort ist eine Plattform, auf die sie krabbeln. Filo kann es kaum glauben: Der Baumriese ragt über alle anderen Bäume hinaus. In seiner Krone sitzen Papageien und Tukane.
Filo kann den ganzen weiten Regenwald überblicken. Und da begreift er es!
„Der Baum ist der Schatz!“, ruft er.
„O ja“, antwortet der Professor. „Er ist über 400 Jahre alt. Kein Ort ist reicher als der Regenwald! Hier lebt die Hälfte aller Tierarten unserer Erde.“
Filo blinzelt in die Sonne. Manche Schätze kann man wohl nicht mit nach Hause nehmen. Und das ist gut so.

Die fabelhafte Schönschreibmaschine

Manchmal passieren verrückte Sachen. So wie heute in der Rosenstraße. Mit einem Mal ist der ganze Strom weg. Familie Kuhn ist gerade mit dem Abendbrot fertig, da geht das Radio aus und alles wird dunkel, draußen wie drinnen.

„Huch, was ist das?“, ruft Mama.

Tommy schnappt sich sofort sein Handy.

„O nein, kein Internet mehr! Ich wollte doch mit Malik zocken!“, schimpft er.

Kim aber holt erst mal eine Taschenlampe. In ihrem Lichtstrahl sieht die Wohnung richtig gemütlich aus. Ein Stromausfall ist doch gar nicht schlimm, findet Kim.

„Papa kann was vorlesen“, schlägt sie vor und hält ihre Lampe hoch. „Ich habe Licht.“

Tommy flucht leise, bleibt aber sitzen, als Papa im Taschenlampenstrahl ein Buch aus dem Regal zieht.

Mama sagt: „Stellt euch vor, im Mittelalter hatten die Leute keinen Strom UND keine Bücher. Die meisten konnten gar nicht lesen.“

Sie arbeitet im Stadtmuseum und weiß viel darüber, wie das Leben zu früheren Zeiten war.

„Gab es keine Bücher?“, fragt Kim.

„Doch, aber die waren selten und teuer. Jemand verfasste ein Buch und dann schrieben es Mönche mit der Hand ab. Nur so konnte man es vervielfältigen. Das dauerte oft viele Jahre“, erzählt Mama.

Tommy stöhnt bei dem Gedanken daran, ein ganzes Buch abschreiben zu müssen. Mama lacht. „Das war eben die Art, wie man damals Wissen weitergab. Allerdings lasen nur wenige Menschen diese Bücher.“

„Was haben die anderen gemacht, ohne Licht und ohne Bücher?“, fragt Kim.

„Und ohne Internet?“, ergänzt Tommy.

„Sie haben sich zum Beispiel Märchen erzählt“, sagt Papa. „Und sind früh schlafen gegangen und früh aufgestanden.“

Wer hat eigentlich die Bücher erfunden?

‚Boah, wie langweilig!', denkt Tommy.
Kim versucht sich vorzustellen, wie es ohne Bücher wäre. Sie würde vielleicht nichts über Dinosaurier, Feen oder andere Länder erfahren!
„Wo kommen die ganzen Bücher heute her?", fragt sie.
„Im 15. Jahrhundert hatte ein Mann namens Johannes Gutenberg die Idee für eine Maschine. Die sollte zunächst die Texte einfach schöner und schneller kopieren", erzählt Mama.
„Eine Schönschreibmaschine?", fragt Kim.
„Genau! Er stellte Klötzchen aus Blei her, mit Buchstaben darauf. Sie konnte man in jeder beliebigen Reihenfolge anordnen und so Wörter erstellen. ‚Setzen' nennt man das. Ein falsches Klötzchen konnte fix ausgetauscht werden. Dazu entwickelte er eine besondere Tinte, zum Drucken auf Papier. Und eine Druckerpresse, die viele Exemplare von einem Buch auf einmal herstellen konnte", sagt Mama. „Damit hat er unsere Welt verändert."
„Mit Büchern?", fragt Tommy ungläubig.
„Bücher wurden kleiner, billiger und man konnte mehr davon herstellen. So kamen sie zu immer mehr Menschen – und mit ihnen Wissen und Informationen. Kurz nach Gutenbergs Erfindung kam eine Zeit, in der die Leute

viel über Religion stritten: die Reformation. Da wurden Bücher immer wichtiger", erklärt Mama. „Bald stand in jedem Haus eine Bibel. Die war das beliebteste Buch. Außerdem konnten die Leute ihre Meinung oder wichtige Informationen nun auf Flugblätter drucken und sie an andere weitergeben. Für alle, die nicht lesen konnten, druckte man Bilder. So verbreiteten sich neue Ideen viel rascher als vorher."

Tommy schaut auf sein Handy. „Dann waren die Flugblätter ein bisschen wie heute das Internet", stellt er fest.

Papa lacht. „Das stimmt! Nach der Erfindung von Gutenberg entstanden viele Bücher, aber auch andere neue Technologien."

„Meine Bücher sind mit der Schönschreibmaschine gedruckt worden, oder?", fragt Kim.

Mama schüttelt den Kopf. „Heute druckt man mithilfe von Computern. Übrigens: Kinderbücher wurden über 300 Jahre später erfunden als der Buchdruck."

„Zum Glück haben wir welche!", ruft Kim. „Lies jetzt endlich vor, Papa!"

Da wird es plötzlich wieder hell. Der Strom ist zurück.

„Ich hab Internet!“, ruft Tommy und will schon aufspringen, als er Kims enttäuschtes Gesicht bemerkt.
„Oder gibt's trotzdem noch eine kurze Geschichte?“, fragt er.
„Zum Vorlesen brauchen wir ja wohl keinen Stromausfall“, sagt Papa.
Kim kuschelt sich schnell auf Tommys Schoß.
Nein, ganz und gar nicht!

Der Mann im Lichtschalter

Klick, klack. An, aus. Klick, klack. An, aus. Flo drückt den Lichtschalter wieder und wieder. Ihr ist langweilig, weil sie auf ihre große Schwester Liv warten muss. Immer braucht die so lange! Liv soll Flo bis zu Tante Fiona mitnehmen, denn deren Haus liegt genau auf Livs Weg zu ihrer Freundin. Tante Fiona hat Flo eine Überraschung versprochen. Flo ist total gespannt!

Klick, klack. An, aus.

Da kommt Liv endlich die Treppe herunter.

„Flo, hör auf damit! Dem kleinen Mann im Lichtschalter wird schwindelig."

„Da ist ein Mann im Lichtschalter?", fragt Flo.

„Was glaubst du denn, wie das Licht angeht?", antwortet Liv. „Wenn er das Klicken hört, rennt er los und zündet die Glühbirne an."

„So ein Quatsch!", sagt Flo. „So schnell kann keiner rennen!"

„Wetten wir?", fragt Liv.

Flo ist verwirrt. Sagt Mama nicht immer, sie sollen das Licht ausmachen, um Strom zu sparen? Bringt der kleine Mann den Strom etwa zur Glühbirne? Aber da macht Liv dieses Gesicht, das sie immer macht, wenn sie Flo an der Nase herumführt. Also schüttelt Flo energisch den Kopf. Sie will nicht wetten! Lieber will sie endlich losgehen.

„Oha, da platzt aber jemand vor Neugier!", ruft Tante Fiona, als Flo wenig später an ihrer Türschwelle auf- und abhopst. „Komm schnell mit!" Sie führt Flo in die Küche. Dort steht – ein knallgelbes Fahrrad!

„Ist das für mich?", ruft Flo.

Warum geht das Licht an, wenn wir auf den Schalter drücken?

„Ja, ich habe es auf dem Flohmarkt gefunden und wieder flottgemacht“, antwortet Tante Fiona. „Ich muss nur noch die Beleuchtung reparieren, das Kabel ist gerissen.“

„Und dann darf ich damit fahren?“, fragt Flo.

„So viel du willst!“ Tante Fiona lächelt.

„Da ist noch ein Kabel, reicht das nicht?“, will Flo wissen, denn sie möchte am liebsten sofort losdüsen.

Tante Fiona schüttelt den Kopf. „Schau mal, das hier ist dein Dynamo. Wenn der Kopf sich am Reifen dreht, erzeugt er Strom. Aber der Strom fließt nur, wenn er einen Kreislauf hat. Durch dieses Kabel gelangt er zu deinem Licht hin und dann braucht er das andere Kabel, um wieder zum Dynamo zurückzufließen. Wenn nicht alles miteinander verbunden ist, erreicht der Strom deine Lampe nicht und sie bleibt aus", erklärt sie. „Deshalb ersetze ich das Kabel jetzt. Damit dir immer ein Licht aufgeht!"

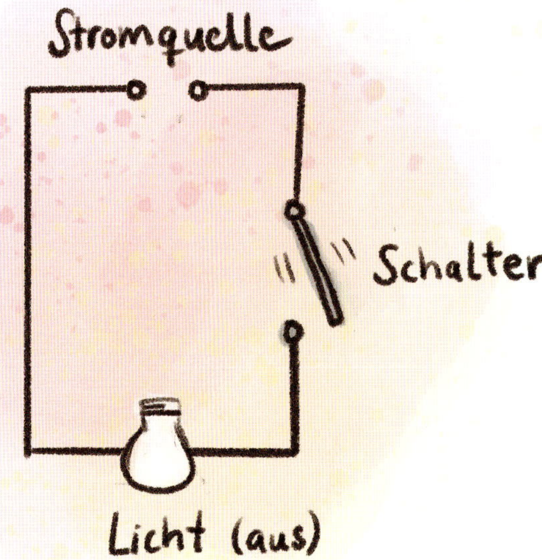

Und in diesem Moment geht Flo tatsächlich ein Licht auf!
„Fließt der Strom bei allen Lichtern so?", fragt sie.
„Sogar bei allen elektrischen Geräten", antwortet Tante Fiona.
„Dann ist im Lichtschalter kein kleiner Mann, der die Glühbirne anzündet, oder?", vergewissert Flo sich noch einmal.
Tante Fiona lacht. „Ist das eine von Livs Geschichten? Nein, ganz bestimmt nicht! Mit dem Schalter schließt du nur den Kreislauf, damit der Strom fließen kann. Wenn du Strom sparen willst oder keinen brauchst, schaffst du so eine Lücke im Kreislauf und schon stoppt der Stromfluss", erklärt sie. „Beim Dynamo an deinem Rad hörst du dafür einfach auf zu treten. Dann erzeugst du keinen Strom mehr."

Tante Fiona tauscht das kaputte Kabel gegen ein neues und verbindet damit Dynamo und Radlampe. Die lose Kabelschnur klebt sie sicher am Fahrradrahmen fest.
„Können wir mit dem Fahrrad zu Liv fahren?", fragt Flo. „Sie ist bestimmt drüben an der Tischtennisplatte."
„Na klar!", sagt Tante Fiona. „Führen wir ihr den Gelben Blitz mal vor!"
Den Namen findet Flo genau richtig für ihr neues Fahrrad. Sie tritt tüchtig in die Pedale. Kurz vor dem Spielplatz hält sie an.
„Wie mache ich den Dynamo an den Reifen?", fragt sie.
Tante Fiona zeigt es ihr. Das Licht leuchtet hell auf, als Flo weiterradelt. An der Tischtennisplatte macht sie eine Vollbremsung.
„Liv!", ruft sie ihrer Schwester zu.

„Der kleine Mann aus dem Lichtschalter wohnt jetzt in meinem Fahrrad und läuft immer los, wenn ich trete!“
Livs Freundin schaut Flo erstaunt an. Aber Liv prustet laut los.
„Da habe ich dich schön veräppelt, nicht wahr?“, fragt sie.
„Ich habe dir keine Sekunde geglaubt!“, behauptet Flo.
Sie steigt wieder auf den Gelben Blitz, und bevor Liv ihr neuen Quatsch erzählen kann, ist sie auch schon davongesaust.

Der große Knall

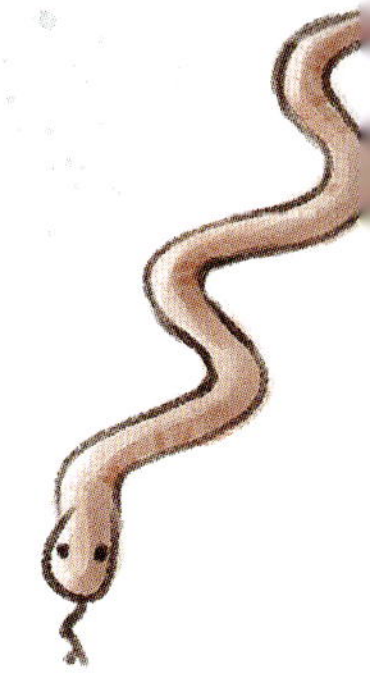

Giftschlangen gibt es auf der ganzen Welt. Klar, dass sie sich ab und zu mal gegenseitig besuchen, oder?

Dieses Jahr sind sie bei der Kreuzotter, auch wenn das allen anderen dort eigentlich zu kalt ist. Sie wohnt viel zu weit im Norden für eine Giftschlange! Aber sie hat beim letzten Treffen so sehr von ihren leckeren Moorfröschen geschwärmt, dass plötzlich alle kommen wollten. Und ein paar sind nun wirklich da.

Aus Amerika die geringelte Korallenschlange. Aus Asien die Königskobra. Sie nervt immer alle, weil sie sich etwas darauf einbildet, dass sie die größte Giftschlange der Welt ist. Ihrer Cousine aus Afrika, der Speikobra, hat sie mal gesagt, ihr Nackenschild sei zu klein. So eine Frechheit!

Trotzdem ist auch die Speikobra dabei. Aus Australien ist die Todesotter angereist.

Die ist ziemlich schüchtern. Es ist den anderen Schlangen ein Rätsel, wie sie zu ihrem Namen gekommen ist. Oft geht sie verloren, weil sie sich so gut verstecken kann.

Dann erscheint überraschend noch ein Gast: die Ringelnatter. Die war gar nicht eingeladen! Sie ist schließlich nicht giftig.

„Alarm!", ruft sie schon von Weitem. „Gefahr! Schlangenadler auf Durchreise! Er fliegt direkt hierher!"

„Soll er doch!", sagt die Königskobra und reckt drohend ihren Nackenschild. „Erst jage ich ihm Angst ein, und wenn er nicht abhaut, beiß ich ihn."

Die Todesotter vergräbt sich derweil im Laub. „Du hast gut reden! Ihr Kobras seid groß und habt viel Gift. Die Speikobra kann es sogar drei Meter weit verschießen mit ihrem tollen Zahn!

Können Schlangen eigentlich pupsen?

Ich verstecke mich lieber, um mein weniges Gift zu sparen."
Die Ringelnatter rollt mit ihren schönen runden Augen.
„Ihr immer mit eurem Gift! Ich stell mich zur Not einfach tot. Ich kann sogar so tun, als ob ich aus dem Maul blute. Und wenn das nicht hilft, drücke ich Stinkflüssigkeit aus meinem Hinterteil. Da vergeht jedem der Appetit", sagt sie und schlängelt eilig davon.
„Flucht ist immer besser als beißen", verkündet die Kreuzotter. „Sobald der Boden bebt oder ich nur einen Schatten sehe, bin ich weg."
Und dann sehen sie die knallbunte Korallenschlange an.
„Was machst du, wenn der Adler kommt?", fragt die Königskobra.
„Oh, ich habe eine Geheimwaffe!", sagt sie.
Da erscheint auch schon ein Schatten am Himmel. Der Schlangenadler! Er ist da! Die Kreuzotter ist im Nu in der Heide verschwunden.
„Ich spuck ihm Gift in die Augen, dann sieht er nichts mehr!", ruft die Speikobra. „Das ist die beste Taktik!"
Aber dann kriegt sie doch Angst und haut auch lieber ab. Die Königskobra hingegen richtet sich bedrohlich auf und zischt wild, um den Vogel zu vertreiben.

Der Adler kümmert sich gar nicht um sie, sie ist ihm sowieso zu groß. Er stürzt sich sofort auf die Korallenschlange, so sehr läuft ihm bei ihrem Anblick das Wasser im Schnabel zusammen. Solch eine schöne Schlange hat er hier noch nie gesehen!

Doch als er schon ganz nahe bei ihr ist und bereit zum Zuschnappen, knallt es plötzlich furchtbar. Die Schlange springt einmal in die Luft und ein übler Gestank breitet sich aus. Der Schlangenadler erschrickt so sehr, dass er – pardauz! – vor einen Baum fliegt.

Nun haben die Schlangen genug Zeit, um ein sicheres Versteck zu finden. Nur die Todesotter ist schon wieder verschwunden …

Die Königskobra erzählt den anderen, wie die Korallenschlange den Adler in die Flucht geschlagen hat.

„Wie hast du das gemacht?“, fragen sie.

KNALL
Kloake

„Nun“, erklärt die Korallenschlange, „ich habe gepupst. Ich sauge Luft in meine Kloake und drücke sie mit einem tüchtigen Knall wieder hinaus.“
„Das kannst du aber gut!“, stellt die Kreuzotter fest.
„Haben halt alle so ihre Tricks“, erwidert die Korallenschlange bescheiden. Ein wenig stolz ist sie aber schon.
„Vor mir hatte der Vogel auch Angst“, behauptet die Königskobra eifersüchtig, aber ihr hört keiner zu, denn die Kreuzotter ruft: „Zeit zum Futtern!“
Da kommt auch die Todesotter eilig aus ihrem Versteck. Endlich kann der Schlangenschmaus beginnen – und dabei wird natürlich nicht gepupst!

Wut im Gesicht

Eigentlich fing der Nachmittag super an. Sams Papa hat Ada, Tilda und Sam zu dem Spielplatz im Waldpark mitgenommen. Dort haben die drei gespielt und kleine Staudämme im Sand an der Wasserpumpe gebaut. Ada hat extra ihre große Schippe dafür mitgenommen. Es hat echt Spaß gemacht!

Aber jetzt hat Sam auf einmal keine Lust mehr und ruft: „Ich geh zum Klettergerüst!"

Natürlich sagt Tilda sofort: „Ich komme mit!"

Ada möchte lieber weiterbauen. Sie sagt aber nichts. Sie legt nur die Schaufel weg und pumpt noch mehr Wasser hoch. Da nimmt Sam einfach die Schaufel und sagt: „Die nehme ich mit."

Schon laufen er und Tilda zum Klettergerüst hinüber.

Wozu braucht er denn da eine Schaufel? Ada wird wütend. Immer macht Tilda alles, was Sam will! Und Sam nimmt immer einfach ihre Sachen, ohne zu fragen! Ada spürt, wie die Wut in ihren Kopf steigt. Ihr Gesicht kribbelt und wird ganz heiß.

„Ada?", ruft da Sams Papa. Er heißt Uli. „Bist du sauer auf jemanden?"

Nanu, woher weiß Uli das? Sie hat ja gar nichts gesagt. „Bin ich", stößt sie hervor.

„Ja, das sehe ich dir an", erwidert Uli.

„Woran siehst du das?", fragt Ada.

Uli lacht. „Wusstest du, dass unsere Haut der größte Verräter von allen ist? Sie verrät unsere Gefühle! Du bist ganz rot im Gesicht."

Warum werden wir rot?

Ada tritt gegen die Wasserpumpe. „Das ist aber doof!“, knurrt sie. „Na ja, wenn du wütend bist, ist Rotwerden wie eine Warnung. Es zeigt, dass man sich besser vor dir in Acht nimmt“, wendet Uli ein. „Sam sollte sich in Acht nehmen! Auf ihn bin ich nämlich wütend! Er macht immer, was er will, und fragt nie!“, schimpft Ada und bestimmt wird sie noch röter, weil die Wut aufs Neue heiß in ihr hochsteigt, als sie das sagt.

„Dann solltest du mal mit ihm reden. Nichts sagen und grummeln hilft ja nicht, oder?“, fragt Uli.

Ada schüttelt den Kopf.

„Kannst du mitkommen?", bittet sie.
„Klar!" Uli nickt.
Als sie zum Klettergerüst hinübergehen, fragt Ada ihn: „Warum wird meine Haut rot, wenn ich wütend bin?"
Uli erklärt: „Immer wenn du dich irgendwie aufregst, gerät dein Körper in Alarmbereitschaft. Er macht sich bereit für eine besondere Situation. Dein Gehirn sendet blitzschnell Nachrichten über die Nervenbahnen und deine Körpertemperatur steigt. Unter deiner Haut sind kleine Leitungen, in denen dein Blut transportiert wird: die Blutgefäße. Damit du nicht überhitzt, erweitern sich die Blutgefäße und die Haut wird stärker durchblutet, genau wie beim Sport – und schon bist du rot wie eine Tomate im Gesicht."
„Ist das schlimm?", fragt Ada.
„Quatsch!", sagt Uli. „Das passiert eben. Wenn du sauer bist oder wenn dir was peinlich ist oder wenn dir sehr warm wird. Manchmal ist es sogar gut, wenn wir unsere Gefühle zeigen. So wie jetzt, meinst du nicht?"
Oben vom Klettergerüst winkt Sam herunter.
„Komm hoch, Ada!", ruft er.
Aber Ada verschränkt die Arme vor dem Bauch. „Ich will nicht. Ich will, dass du runterkommst!", erwidert sie trotzig.
Verwundert klettert Sam zu ihr hinab. „Was ist denn los?", fragt er.
Schon wieder steigt die Hitze in Adas Gesicht. „Du hast einfach meine Schippe mitgenommen! Und ihr seid einfach weggegangen! Und ihr

fragt mich nie!", platzt es aus ihr heraus. Und weil sie so wütend ist, stampft sie auch noch mit dem Fuß auf. Das tut gut!
Aber dann bemerkt sie, dass auch Sam rot wird. Wieso denn das? Ist er auch sauer?
„Es tut mir leid", stottert er, „ich dachte, ich darf deine Schaufel nehmen. Ich dachte, du kommst auch ..."
Mit gesenktem Kopf bohrt er seine Schuhspitze in den Sand. Und da versteht Ada: Sam ist es peinlich, dass er nicht gefragt hat. Er schämt sich. Seine Haut verrät es. Adas Wut verraucht.
Sam streckt ihr die Hand hin und versichert ihr: „Ab jetzt frage ich, wenn ich deine Schaufel nehme. Aber du musst auch sagen, wenn du nicht klettern willst!"
Ada nimmt Sams Hand.
„Das mache ich!", verspricht sie.
Und dann fragt Sam vorsichtig: „Hast du Lust, mit Tilda und mir Fangen auf dem Klettergerüst zu spielen?"

Ada nickt. Und wird schon wieder rot.
Aber diesmal vor Freude!
„Wer als Erster oben an der Spitze ist, fängt!“, ruft Sam.
Blitzschnell klettern Ada, Sam und Tilda los. Uli kann gar nicht hinsehen! Wütend wird an diesem Nachmittag niemand mehr. Aber sie toben so lange auf dem Gerüst herum, bis ihre Gesichter knallrot sind. Vor Anstrengung!

Ein wirklich dummer Rat

Es waren einmal zwei Inseln, die lagen so fern im weiten Ozean, dass die Menschen dort nicht viel wussten vom Rest der Welt. Die Inseln hießen Waiata und Tari. Seit jeher herrschte Frieden im Inselreich. Obwohl die Völker von Waiata und Tari sehr verschieden waren, waren sie gute Nachbarn.

Die Menschen auf Waiata liebten Musik. Das brachte ihre Königin eines Tages auf eine Idee: Bei jedem Sonnenaufgang wollte sie eine Schiffsparade veranstalten, mit Trommeln, Trompeten und Gesang. Alle sollten es hören können! So würde jeder Tag auf der Insel schön beginnen. Die Waiataner waren begeistert!

Nicht so die Taris. Sie waren Langschläfer, die nur allzu gern spät im Mondlicht wach blieben.

Bei der ersten Parade der Waiataner purzelten sie vor Schreck aus den Betten. Denn auch sie konnten die Musik nur zu gut hören. Und das nun Tag für Tag! Der König verzweifelte. Seine Untertanen murrten nur noch träge herum und schimpften auf die Waiataner. Stundenlang musste er sich Beschwerden anhören. Dabei war er selbst hundemüde!

„Ich brauche dringend einen Rat, wie ich das Morgengetöse auf Waiata stoppen kann!“, stöhnte er.

Das hörte ein Kaufmann, der sich nach Tari verirrt hatte und seit Tagen vergeblich versuchte, seine Ware zu verkaufen.

„Nun“, sagte er listig zum König, „ihr könntet gegen Waiata in

den Krieg ziehen. Wenn ihr gewinnt, bestimmt ihr über alles, was dort passiert!"

Genau das wollte der König!

„Was ist Krieg? Was muss ich dafür tun?", fragte er.

Der Kaufmann erklärte: „Krieg ist ein Streit zwischen zwei Ländern. Du musst dafür den Taris Uniformen anziehen und sie zu Soldaten machen. Damit sie für dich kämpfen. Und du brauchst gefährliche Waffen. Je mehr, desto besser. Dann gewinnst du den Krieg. Zufällig habe ich welche auf meinem Schiff ..."

„Ich kaufe sie alle!", rief der König. „Damit wir gewinnen. Was mache ich dann?"

„Nun, es gibt Regeln. Zuerst machst du eine Kriegserklärung. Damit sie auf Waiata wissen, dass ihr ab sofort Feinde seid und kämpft. Dann schickst du deine Soldaten mit den Waffen nach Waiata. Sie dürfen aber nur

gegen andere Soldaten kämpfen, die auch Waffen haben, und nur Häuser kaputt schießen, in denen sich Soldaten oder Waffen befinden."
Der König überlegte: „Was ist, wenn ich die Kriegserklärung weglasse? Damit es schneller geht?"

Zum Glück hörte auch die kleine Königstochter Mohio dem Gespräch zu.

„Papa!", schimpfte Mohio. „Wer Regeln nicht beachtet, ist im Unrecht! Das sagst du selbst immer!"

„Ja natürlich", lenkte der König ein.

Mohio fand den Rat des Kaufmanns sowieso furchtbar dumm.

„Wenn wir Taris Waiata einfach mit schlimmen Waffen überfallen und die Waiataner sich mit genauso schlimmen Waffen wehren, dann werden viele Leute verletzt oder sterben sogar!", sagte sie. „Vielleicht auch Leute, die keine Waffen haben oder nicht kämpfen wollen. Mit so gefährlichen Dingern trifft man doch alles Mögliche! Da nützen keine Regeln! Und wenn bei all dem Kämpfen die Häuser und Felder der Waiataner zerstört werden – wo und wie sollen sie denn dann leben?"
Das wusste der Kaufmann auch nicht. „Aber am Ende ist dein Papa König von zwei Inseln!", wandte er ein.

Was ist Krieg?

Mohio stampfte auf. „Das ist das Dümmste, was ich je gehört habe! Wer will König über eine kaputte Insel sein, auf der nur noch Kummer wohnt?"

Der König begriff, dass Mohio recht hatte. Er ließ den Kaufmann kurzerhand von der Insel werfen. Er sollte seine Waffen und Uniformen bloß wieder mitnehmen! Auf Tari brauchte sie keiner!

„Was mache ich jetzt?", fragte der König Mohio.

Das hätte er besser sofort getan!

„Wir verhandeln mit der Königin von Waiata. Wir brauchen einen Vertrag, der beide Inseln glücklich macht", bestimmte sie.

So geschah es. Nach langem Streit, ganz ohne Waffen, einigten sich die Königin und der König: Jeden Monat sollte es von nun an an einem Tag eine Mondscheinparade auf Tari und an einem anderen eine Sonnenaufgangsparade auf Waiata geben. Die wurden beide gemeinsam gefeiert. Das war vielleicht ein Spaß!

Dank der klugen Mohio aber fand der Krieg bis heute nie seinen Weg ins Inselreich von Waiata und Tari. Und so soll es auch bleiben.

© Nina Simone Plum

Anne Ameling wurde 1976 im Münsterland geboren und studierte Geschichte (auch wenn sie lieber direkt eine Zeitmaschine erfunden hätte), Anglistik und Romanistik in Köln. Danach arbeitete sie in einem Kölner Verlag. Als freie Autorin, Lektorin und Texterfinderin für verschiedene Medien geht sie schon seit vielen Jahren immer wieder neuen Themen mit Begeisterung auf den Grund. Seit 2010 schreibt sie Kinderbücher.

© starsniper.de

Simone Leiss-Bohn wuchs in einer Kleinstadt nahe Stuttgart auf und war damals schon oft zeichnend anzutreffen. Als staatlich geprüfte Grafik-Designerin zog sie nach Bremen und arbeitete als Freelancerin für Werbeagenturen und Unternehmen. Da die Arbeiten über die Jahre immer illustrativer wurden und ihr Herz doch sehr für das Zeichnen schlägt, widmet sie sich inzwischen voll und ganz ihrer Leidenschaft, der Illustration. Vorwiegend digital zaubert sie liebevoll-freche Bildwelten für Jungs und Mädels. Ansonsten genießt sie die Zeit mit ihren Söhnen und ihrem Mann.

Das will ich lesen!

ISBN 978-3-7432-1319-7

Erklär's mir, ich will es wissen!

Uaaaah! Als Kapitän Sören Sömmelspriet am Morgen aufwacht, muss er herzhaft gähnen. Aber was ist das? Seine ganze Mannschaft fängt auch zu gähnen an. Warum denn das? Und warum müssen wir überhaupt gähnen? Der König will einen königlichen Zungenherausstrecker wählen, aber als das Krokodil an der Reihe ist, kommt die Zunge einfach nicht heraus. Hat es etwa gar keine?

Diese und 15 weitere Kinderfragen zu ganz unterschiedlichen Themen werden in diesem Vorlesebuch spannend, humorvoll und abwechslungsreich beantwortet. Ein echter Spaß für alle kleinen und großen Forscher*innen!